경희 고대사 · 고고학 연구총서 9

켈트, 게르만, 스키타이를 넘어서

유럽의 철기시대 고고학과 정체성

Peter S. Wells 지음
박선미 옮김

경희 고대사·고고학 연구총서 9

켈트, 게르만, 스키타이를 넘어서 : 유럽의 철기시대 고고학과 정체성

지은이 | Peter S. Wells
옮긴이 | 박선미
펴낸이 | 최병식
펴낸날 | 2025년 6월 23일
펴낸곳 | 주류성출판사 www.juluesung.co.kr
　　　　서울특별시 서초구 강남대로 435 주류성빌딩 15층
　　　　TEL | 02-3481-1024(대표전화) · FAX | 02-3482-0656
　　　　e-mail | juluesung@daum.net

값 25,000원

잘못된 책은 교환해 드립니다.

ISBN 978-89-6246-557-0 94910
ISBN 978-89-6246-283-8 94910(세트)

• 이 저서는 2022년 대한민국 교육부와 한국연구재단의 지원을 받아 수행된 연구임(NRF-2022S1A5C2A01093269).

경희 고대사·고고학 연구총서 9

켈트, 게르만, 스키타이를 넘어서

유럽의 철기시대 고고학과 정체성

Peter S. Wells 지음
박선미 옮김

차례

번역서를 내면서 _ 6
한국의 독자들에게 _ 12
해제 _ 14

| 서문 | 64 |

제1장	철기시대의 고고학과 정체성	69
제2장	유럽 초기 철기시대에 나타나는 정체성의 변화	94
제3장	지역 간 정체성의 형성	117
제4장	타자에 대한 묘사 : 최초의 기록	140
제5장	후기 철기시대 경관에서의 경계와 정체성	152
제6장	타자의 관점 : 그리스·로마인의 묘사	174

제7장 표현에 대한 반응 ·· 193

제8장 글을 마치며 ·· 205

부록

서지 에세이 _ 210

참고문헌 _ 221

지도·그림 목록 _ 240

찾아보기 _ 243

번역서를 내면서

　유럽 고고학을 잘 알지 못하는 문외한으로서 번역서를 내는 것은 쉬운 일이 아니었다. 그럼에도 불구하고 글을 번역하여 소개하기로 결심한 것은 이 책이 다루고 있는 주제와 방법론 여러 면에서 고고학 자료를 다룰 때 부딪치는 기본적인 문제를 다루고 있고, 무엇보다 얼마나 많은 요인에 의해 개인과 사회 그리고 문화가 변하는지, 과거 주민에 대한 이미지가 얼마나 쉽게 왜곡될 수 있는지를 잘 보여주고 있어서이다. 개인적으로는 지중해의 도시국가에 머물러 있던 초기 유럽사에 대한 시각이 온대 유럽이라는 철기시대의 주민집단으로 확장되는 설레임도 있었다.

　부제목 '유럽의 철기시대 고고학과 정체성(Archaeology and Identity in Iron Age Europe)'에서 알 수 있듯이 이 책은 철기시대 주민들이 물질을 통해 자신의 정체성을 어떻게 표현하려고 했는지, 현대 고고학자는 유물에 대한 연구를 통해 이것을 남긴 주인공을 정체화할 수 있는지를 다루고 있다. 이 과정에서 한 집단이 정체성을 갖게 되는 과정, 프랑스·독일·스위스·오스트리아 등 온대 유럽의 철기시대 유적, 이곳에서 생활한 종족에 관해 기록한 그리스·로마 문헌 자료를 검토하고 있다. 저자 피터 웰스는 유적과 유물에서 연구자가 새롭게 주목해야 할 것들, 문헌을 활용할 때 고려해야 할 것들을 제시하면서 고고학 자료와 그 주인공의 정체성에 접근한다.

십수 년 전부터 한국 고고학계는 고고학과 종족을 다룬 연구가 많이 나오고 있다. 번역서도 다수 있고 고고학의 민족주의 투영 문제를 비판한 연구물도 상당하다. 대부분 고고학 문화를 특정 종족이나 집단과 연결시키려는 경향에 경고를 보내는 것이다.

그러나 유물은 인간의 행위가 반영된 기록임에는 분명하다. 그래서 유물을 통해 이를 만들고 사용하고 폐기한 주인공을 이해하는 노력은 지속되어야 한다. 이런 면에서 이 책은 '경고'를 잊지 않으면서도 인류가 물질을 통해 어떻게 자신을 표현하려고 했는지, 그리고 물질은 집단 혹은 개인의 정체성을 어떻게 구성하고 구축하는지를 보여주려고 애쓴다.

유럽의 켈트·갈리아·게르만·스키타이, 동북아시아의 동이·예맥·동호·흉노 같은 이름은 타자에 의해 기록된 옛 문헌을 통해 우리에게 전해진 것뿐이며 이들이 스스로를 어떤 이름으로 불렀는지는 알 수 없다. 저자 피터 웰스는 이렇게 스스로의 역사를 문자로 남기지 않은 사람들을 이해하기 위해서는 외부인의 기록에 의존하기보다 이들이 직접 만들고 사용하고 폐기한 고고학 자료에 근거해야 한다고 책 전반에 걸쳐 강조하고 있다.

다소 낯선 유럽 고고학 자료에 대한 이해를 돕기 위해 역자가 직접 답사한 유적을 소개한 짧은 해제를 달았다. 이 책은 철기시대 유럽에 관한 것이지만, 연구에 활용한 접근 방식과 분석 방법은 전 세계적으로 어느 시대, 어느 지역에나 적용될 수 있을 만큼 보편적인 문제를 다루고 있다. 고고학 입문자나 일반 독자 모두 이 책을 통해 오늘날 우리에게 남겨진 고고학 자료를 대하는 보다 유연하고 넓어진 시야를 갖게 될 것으로 확신한다.

이 책을 처음 접하고 번역서를 내기까지 오랜 시간이 걸렸다. 박사학위를 받고 2010년부터 2011년까지 하버드대 고고인류학과 대학원에서 고고학과 종족, 종족에 대한 인류학적 접근 등에 관한 수업을 수강하면서 줄곧 고고학과 종족의 정체성에 관해 고심하고 있었다. 해외 학계는 이 문제를 어떻게 연구하고 있는지 알아보기 위해 기획연구를 추진했다. 동이(東夷) 연구, 유럽·중국·일본·한국의 사례 연구 등. 이러던 차에 2016년 영국 캠브리지대학교에 안식년으로 다녀오신 영남대 이청규 교수께서 이 책을 소개하셨다. 곧바로 연구모임을 시작했다. 이청규 교수님을 필두로 하여 박준형(현재 해군사관학교박물관장) 교수, 경희대 이후석 교수가 함께 했다. 안타깝게 고인이 된 마틴 베일(Martin Bale) 교수 - 캐나다 토론토대 고고학과에서 박사학위를 받았고 한국 무문토기시대를 전공했으며, 당시 영남대 문화인류학과에 와 있었다. - 도 시간이 나는 대로 참석했다. 1993년 콜린 렌프류의 캠브리지대학교 고고학 강의 노트 '종족의 뿌리: 고고학, 유전학 그리고 유럽의 기원(The Roots of Ethnicity: Archaeology, Genetics and the Origins of Europe)'으로 시작해서 피터 웰스의 책으로 이어졌다.

　책이 얇아서 금방 다 읽고 한국과 중국의 고고학 자료와 비교해 볼 참이었다. 그러나 웰스의 책을 읽는 것만 1년 넘게 계속됐다. 유럽의 지리, 유적 이름 등에 익숙하지 않은 탓에 이것저것을 찾아보느라 시간이 예상보다 오래 걸렸다. 우리 자료와 비교는커녕 책을 끝까지 읽지도 못하고 연구모임을 중단해야 했다. 모두 학교 강의에, 직장 업무에 열중해야 했다. 연구모임 멤버들 개인적으로는 완독을 했을 것이다. 이 책은 문헌에 나오는 종족이 어떻게 호명되고 기록되었는지, 이족(異族)집단 간의 교류가 정체성의 형성에 미친 영향은 무엇인지와 같은 수많은 질문에 대한 해답을 찾아가는 여정을 담고 있었기 때문에 끝까지 읽지 않고서는 견딜 수 없었을 것이다. 책에 소개된 지명이 낯설어서 그렇지 영어가 쉽게 작성돼 있기도 했다.

　번역서를 내게 된 데에는 고조선·부여사연구회 덕분이기도 하다. 연구회 정기발표회에서 이 책에 대한 이야기가 나왔고 당시 연구회 회장이셨던 단국대 이종수 교수가 번역서 발간을 주선해 주겠노라 하였다. 나중에 경희대 강인욱 교수가 번역서를 경희대 고대사·고고학연구소 역서발간으로 하는 것이 어떻겠냐고 했다. 그러나 번역서를 선뜻 낼 수가 없었고 이때로부터 벌써 6~7년이 지났다. 번역은 일찌감치 했으면서 전공도 아닌 유럽 고고학 책을 번역서로 낸다는 것이 부담스럽기도 했다. 2022년부터 2023년까지 직장에서 부서장이라는 보직을 맡으면서는 도저히 틈을 낼 수가 없었다. 이 와중에 고조선·부여사 관련 사료 번역 자료집을 내야 했고, 『고조선과 고구려의 만남』, 『우리 문헌 속 고조선을 읽다』 등 몇 권의 책을 출판하는 업무를 병행해야 했다. 보직에서 해방된 2024년 연말까지는 마무리를 하겠노라 약속했으면서도 결국 번역서는 뒷전으로 밀려났고 2025년 새해를 하버드대에서 맞았다.

그사이 세상도 바뀌었다. 쳇GPT나 디플과 같은 인공지능 AI가 논문도 쓰고 소설과 시도 지었다. 영어번역도 곧잘 했다. 굳이 번역서를 내는 것이 의미가 있을까. 망설이고 있는데 강인욱 교수가 독자들의 이해를 위해 유럽 학술답사 내용을 소개하는 글을 덧붙이는 것이 어떠냐고 했다. 고고학과 종족에 관한 기획연구를 추진하면서 마침 피터 웰스의 책에 소개된 철기시대 유적 일부를 답사했다. 번역서 출판을 다시 추진했다. 필자가 독일, 오스트리아, 스위스 등을 답사한 유적과 촬영한 사진을 소개하는 짧은 해제문을 작성했다.

미국 미네소타대학교 고고학과 피터 웰스 교수와도 연락이 닿았다. 그는 한국어로 책이 번역되어 출판된다는 소식에 기뻐했다. 본문에 들어갈 사진 등에 대한 조언을 해주겠다고도 했다. 한국 독자들에게 보내는 짧은 인사말도 보내왔다. 지면을 빌어 다시 한번 고마운 마음을 전한다.

우여곡절이 많은 만큼 책이 번역되어 출판되기까지 많은 분의 도움이 있었다. 지면을 빌어 모든 분께 감사한다. 특히 이 책을 처음 소개해주고 연구모임을 열정적으로 이끌어 주신 이청규 선생님께 제일 먼저 마음 깊이 감사드린다. 번역서 본문에 들어갈 사진도 보내주셨다. 번역서의 완성도를 높일 수 있었던 것도 선생님 덕분이다. 항상 후학의 롤 모델이 되어 주고 계신다.

출판을 끝까지 독려해준 강인욱 교수께도 특별히 감사한다. 강 교수는 만주지역 뿐만 아니라 시베리아, 극동, 유럽, 미주지역의 고고학까지 폭넓게 섭렵한 한국에 흔치 않은 귀중한 고고학자다. 처음 번역서를 내도록 용기를 준 이종수 교수께도 감사한다. 그가 아니면 시작도 안했을 거다. 게다가 덕분에 단국대 대학원생들과 이 책을 읽으면서 고민을 함께하는 시간을 가졌다. 책을 읽으며 했던 고민을 대학원생들도 하고 있을 것이다. 어쩌면 일부는 고고학 발굴장에서 응용하고 있을 수도 있겠다. 책 출판을 맡아준 주류성 출판사에도 고마운 마음을 전한다. 지지부진한 번역 속도를 기다려주었고 여러 차례 수정하고 고친 졸고를 보기 좋게 편집해 주었다. 원서의 흑백사진을 칼라 버전으로 찾아 넣어주었다.

끝으로 내 직장에서는 '그분'이라 불리는 남편에게도 고마운 마음을 전해야 할 것 같다. 살림에는 관심이 없고 밖으로만 나도는 아내를 인내심 있게 참아 주고 있다. 가끔은 용기를 북돋아 주기도 한다. 지금은 또 1년을 하버드대에서 지내게 됐다. 독수공방할 남편에게 미안하고 고마운 마음이다.

2025년 3월 하버드에서
박선미

한국의 독자들에게

『켈트, 게르만, 스키타이를 넘어서: 철기시대 유럽의 고고학과 정체성 (Beyond Celts, Germans and Scythians: Archaeology and Identity in Iron Age Europe)』의 한국어 번역본이 나오게 되어 기쁘게 생각합니다. "철기시대"라는 용어는 대부분의 유럽에서 기원전 800년에서 기원전 50년 사이의 시기를 지칭합니다. 유럽의 철기시대 사람들을 이해하려는 초기의 시도에서 연구자들은 이들을 기록한 고대 그리스와 로마 문헌에 크게 의존했습니다. 기원전 2세기 말에서 기원전 1세기 사이에 일어난 로마 정복기 이전의 선사시대 사회는 자신들에 대한 기록을 남기지 않았습니다. 켈트족, 갈리아족, 게르만족, 스키타이족과 같은 이름은 그리스와 로마의 저술가들을 통해 우리에게 전해진 것이며 이 종족들이 스스로를 어떤 이름으로 불렀는지는 알 수 없습니다.

저의 책은 온대 유럽의 철기시대 사람들을 연구할 때 외부인의 기록에 의존해서는 안 되며, 이들이 직접 남긴 고고학적 증거에 근거해 이해해야 한다는 주장을 담고 있습니다. 이들이 개인 장신구를 디자인하고 도자기를 만들고, 무덤을 마련하고, 취락을 조성한 방식은 이들이 어떻게 정체성을 만들었는지, 그러한 정체성을 다른 사람들과 어떻게 연관시켰는지에 대해 많은 것을 알려줄 수 있습니다. 이 책에서 저는 철기시대 사람들이 자신과 그들이 살았던 자연 및 사회에서 자신의 위치를 어떻게 이해했는지를 알 수 있는 많은 고고학 사례를 제시하려고 노력했습니다. 유럽의 고고학 조사는 빠르게 진전되고 있으며, 매년 발견되는 새로운 자료들은 문자로 기록되기 전에 살았던 사람들에 대한 중요한 정보를 제공해주고 있습니다.

이 책은 철기시대 유럽에 관한 것이지만, 연구에 활용한 접근 방식과 분석 방법은 전 세계적으로 어느 시대 및 어느 지역에나 적용될 수 있습니다. 이 책을 보고 한국의 독자들이 유럽의 고고학을 이해하고 고고학 방법론을 이해하는 데에 도움이 되기를 기대합니다. 저의 책에 관심을 갖고 한국어로 번역해 번역서가 출간될 수 있도록 준비해 준 박선미 박사에게 감사드립니다.

2024년 10월 미니애폴리스에서
피터 S. 웰스

해제

이 책의 고고학적 배경

이 책이 다루고 있는 시·공간적 범위는 온대 유럽지역의 철기시대로, 기원전 800년에서 기원전후 시기이다. 고고학 문화로는 할슈타트문화(Hallstatt Culture)와 이를 계승한 라텐문화(La Tène Culture)이다. 이 시기 유럽 남부의 지중해 연안에서는 그리스와 로마라는 도시국가가 발전하며 주변 지역으로 팽창하고 있던 때다.

할슈타트문화와 라텐문화를 남긴 주인공들은 지중해 사람과는 다른 방식으로 집을 짓고 성곽을 만들고 무덤을 조성했으며 다양한 방식으로 '로마와는 다른 자신'의 정체성을 표현했다. 이들은 지중해 사회와 원거리 교역을 통해 그들 고유의 물질문화를 끊임없이 재생산했으며 지중해 세계로부터의

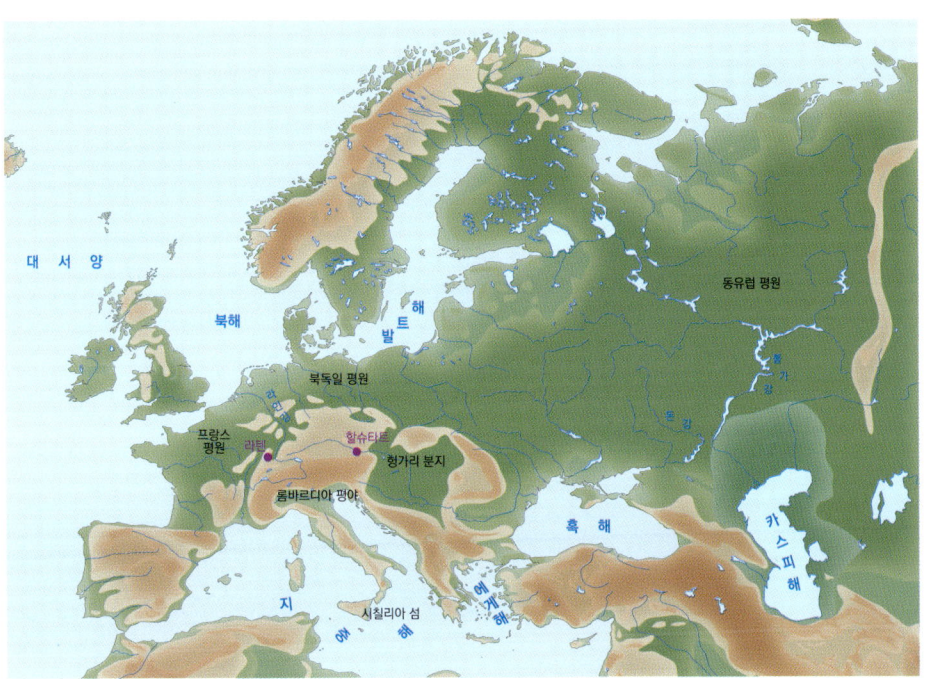

지도 1. 이 책의 지리적 배경이 되는 온대 유럽 지역

군사적 위협에 대항해 자신의 정체성을 조정하고 때로는 전통적 방식으로 회귀했다. 그리스·로마인들은 이들을 켈트라고 불렀다.

〈표 1〉에서와 같이 할슈타트문화와 라텐문화는 철기시대 전기와 후기를 대표하는 고고학 문화이다.

할슈타트문화는 넓은 의미에서 기원전 1200년부터 기원전 500년까지로 청동기시대 후기와 초기 철기시대를 포괄한다. 그러나 일반적으로 할슈타트문화라고 하면 기원전 800~700년부터 기원전 500년까지의 철기시대 전기 문화를 의미한다. 오스트리아의 티롤 지방에 있는 잘츠카머구트(Salzkammergut) 부근의 할슈타트 유적의 이름을 따서 명명됐다. 잘츠부르크의 할라

해제 15

〈표 1〉 중부 유럽의 고고학 연표

연대(BC)		
600,000		전기구석기시대
100,000		중기구석기시대
50,000		후기구석기시대
6,000	리니아 밴드(Linear Band) 토기문화	
		신석기시대
5,500		
5,000		
4,500		
4,000	펀넬 비커(Funnel Beaker) 문화	
3,500		
3,000		
	코디드 웨어(Corded Ware) 문화	신석기시대 후기
	벨 비커(Bell Beaker) 문화	
2,500		
	우네티체(Únětice) 문화	청동기시대 전기
1,500	투물러스(Tumulus) 문화	청동기시대 중기
1,000	우른필드(Urnfield) 문화	청동기시대 후기
800	할슈타트(Hallstatt) 문화	철기시대 전기
500	라텐(La Tène) 문화	철기시대 후기

그림 1. 할슈타트문화와 라텐문화(오른쪽)의 피불라 브로치
할슈타트문화기에는 장인의 수공예품으로 화려한 피불라가 제작됐다.

그림 2. 양식화된 피불라 브로치
왼쪽에서부터 기원전 600~550년, 기원전 550~500년, 기원전 500~450년, 기원전 450~400년으로 편년된다. 앞 세 개가 할슈타트양식이고 맨 오른쪽이 라텐 초기 양식이다.

그림 3. 오스트리아 뒤른베르크 무덤 출토 기하학문양의 금제 장신구

그림 4. 청동제 검집에 새겨진 기하학 문양

그림 6. 할슈타트 유적 출토 청동그릇

그림 5. 할슈타트 유적 출토 검

그림 7. 할슈타트 유적 출토 말장식 도끼

그림 8. 호이네부르크 유적 출토 말탄 사람 장식

인(Hallein) 유적, 독일 남서부 다뉴브강 상류에 위치한 호이네부르크(Heuneburg) 유적과 독일 남부의 호흐도르프(Hochdorf) 유적, 프랑스 동부의 몽 라수아(Mont Lassois) 유적과 빅스(Vix) 유적 등이 대표적이다. 주로 프랑스 동부, 독일 남부, 스위스, 오스트리아, 체코, 슬로바키아, 헝가리 등 중부 유럽에 분포한다.(이 책 95쪽 지도 참조)

연구자에 따라 할슈타트문화를 여러 하위 문화유형으로 세분하지만 일반적으로 정사각형, 마름모, 원형, 삼각형을 기본으로 하는 기하학 문양이 특징이다. 피불라(Fibulae)라고 하는 브로치, 청동 및 금·은 장신구, 청동그릇,

그림 9. 할슈타트문화 토기

독특한 형태의 청동 및 철제 장검과 단검, 철제 투구가 이 문화를 대표한다. 특히 피불라 브로치는 형식의 변화가 시간성을 반영하고 있어서 라텐문화에 이르기까지 유럽의 철기시대를 편년하는 지표로 사용되고 있다.

말 관련 도상도 등장하는데, 이를 초원 스키타이문화의 영향으로 보기도 한다. 그러나 할슈타트문화 이전 시기에도 말 장식이 간혹 출토된다는 점에서 외부로부터의 영향으로만 볼 수 없다는 것이 학계의 인식이다. 지중해 지역과의 교류를 보여주는 그리스·에트루리아산 수입품이 많다는 것도 특징이다.

취락은 구릉 정상부에 성벽으로 둘러싼 요새형으로 조성된다. 이 책에 주로 언급되고 있는 호이네부르크와 호흐도르프 유적이 유명하다.

호이네부르크 취락은 다뉴브 강변 언덕에 위치한다. 강변에서 40m가량 높게 형성된 언덕 위에 비정형으로 조성됐다. 다뉴브 강변과 주변 경관을 내려다볼 수 있어서 취락의 입지를 전략적으로 선택했을 것으로 보고 있다. 기원전 7세기부터 기원전 5세기까지 켈트족의 중심지 중 하나였을 것으로 추정되고 있다. 성벽은 약 300×150m이며 인구는 대략 5천명으로 추산된다. 인근에 대형 봉토분이 있다.(그림 10)

취락에서 출토된 유물을 통해 기원전 15세기경인 투물러스문화기에 처음 마을이 조성되었고 이후 몇 차례 폐기와 재건을 거친 것으로 드러났다. 주거지는 장방형의 평면에 지상가옥의 형태이며 성벽을 따라 조밀하고 규칙적으로 배치됐다. 성벽 밖에는 나무판자를 세워서 만든 목책과 거대한 환호가 있으며 동쪽에는 다뉴브강이 천연 환호의 기능을 겸하고 있다. 약 6m 높이의 성벽은 진흙으로 된 벽돌로 쌓았으며 흰색의 석회를 발라 마감처리를 하였다. 성을 드나드는 문이 서쪽과 동쪽에 나 있다. 동쪽 성문으로 나가면

그림 10. 호이네부르크 취락 유적 전경 복원도
성곽 안의 취락과 성 밖의 취락으로 구성되어 있고(위) 인근에 봉토분(아래쪽 사진의 동그랗게 보이는 부분)이 있다.

그림 11. 호이네부르크 성채 안으로 들어가는 성문지(위)와 디지털 복원도

가파른 길을 따라 다뉴브강으로 이어진다. 지위가 높은 사람이 거주하는 주거공간이 성 안에 별도로 마련되어 있고 청동제의 각종 도구와 장신구 제작을 위한 공방이 성의 남동쪽에 있다. 성 밖에는 일반주민이 사는 집과 청동기 제작 및 직조 공방이 조성되어 있다. 재지계의 유물뿐만 아니라 그리스산 도자기와 암포라 등이 다수 발견되어 교역의 중심지였을 것으로 보고 있다. 인근에 위치한 무덤은 대부분 도굴되었다.

호흐도르프 취락은 호흐도르프 무덤에서 출토된 유물을 전시하기 위해 호흐도르프 켈트박물관을 건설하는 과정에서 발견됐다. 현재 박물관에는 호

그림 12. 복원 전시 중인 마을 내부와 성채 안에서 내려다 본 다뉴브강

그림 13. 내부의 철기공방 재현 모습과 호이네부르크 박물관

그림 14. 호흐도르프 취락의 농가 복원도(위)와 복원된 주거지

흐도르프 무덤에서 출토된 유물과 무덤이 복원, 전시되어 있으며 박물관 야외에 주거지가 복원되어 있다. 호이네부르크와 같이 거대한 성곽은 발견되지 않았으나 울타리가 둘러진 가옥들이 나란히 조성되어 있다.

한편 무덤의 경우 봉분이 없는 평토장(平土葬 ; flat grave)이 이 시기에 등장하며 앞 시기의 봉토분 및 화장묘와 혼재한다. 일반적으로 마을 주변에 공동묘역의 형태로 조성된다. 거대한 봉토분은 단독으로 조성되며, 대부분 도굴 당했다. 화장묘의 경우 골항아리에 기하학 문양이 그려진 것이 특징이다. 평토장보다는 화장묘에 부장품이 더 많다.

할슈타트 유적의 무덤은 대략 4천여 구의 주검이 매장되어 있는 대형 무덤군이다. 대부분 화장을 한 후에 매장됐다.

그림 15. 할슈타트 유적의 화장묘 발굴 당시의 도면

무덤방의 바닥은 점토로 잘 다졌고 고운 모래를 뿌렸으며, 큰 덮개돌로 무덤방을 덮어 놓은 형태이다. 일부는 인근의 소금산(할슈타트의 할hall은 '소금'이라는 뜻으로 할슈타트인은 소금산의 소금을 채굴해 번성한 집단임)을 두향으로 하고 있다. 무덤의 규모와 부장품의 차이를 통해 계층화가 이루어진

그림 16. 할슈타트 유적 박물관(맨 위 왼쪽)과 출토 유물들

그림 17. 호흐도르프 봉토분 전경과 단면 모형 및 내부 모습(본문 108쪽 참조)

사회였다고 추정하고 있다. 화려하고 정교한 부장품이 있는 무덤은 높은 신분을 가진 사람이 매장된 바, 청동검이 부장된 경우는 전사의 무덤으로 해석되기도 한다. 지중해지역과의 교역을 보여주는 연회용 그릇세트 등 각종 수입품이 부장되어 있다.

호흐도르프 무덤은 취락에 근접해 단독으로 조성된 대형 봉토분이다. 앞에서 언급한 바와 같이 박물관이 조성되어 있어서 복원된 무덤과 부장품, 공방 등을 관람할 수 있다. 무덤은 훼손되지 않고 온전한 상태로 발견됐다. 봉분은 높이 6m, 직경 60m의 규모로 추정되며 무덤의 입구는 북쪽에 나있다. 봉토분을 조성하는 방식도 특이한데 구덩이를 판 뒤 목곽을 만들고 그 위에 괴석을 쌓고 다시 목곽을 만들고 그 위를 다시 돌을 쌓고 흙으로 두텁게 덮은 형태이다. 무덤 안에는 피장자로 보이는 인골과 다량의 부장품이 안치되어 있었다.

피장자는 30세가량의 남성으로 생존했던 때와 같이 화려한 의복과 신발로 꾸몄고 금으로 만든 허리띠 장식과, 도금된 단검, 팔찌 등을 착장했다. 호박 구슬, 청동 피불라 브로치가 가슴 주변에 흩어져 있었고 철제 칼과 나무 빗, 화살통, 낚시바늘 등 일상용품도 같이 껴묻혀 있었다. 피장자는 길이

그림 18. 호흐도르프 무덤의 피장자가 안치된 벤치형 시상대

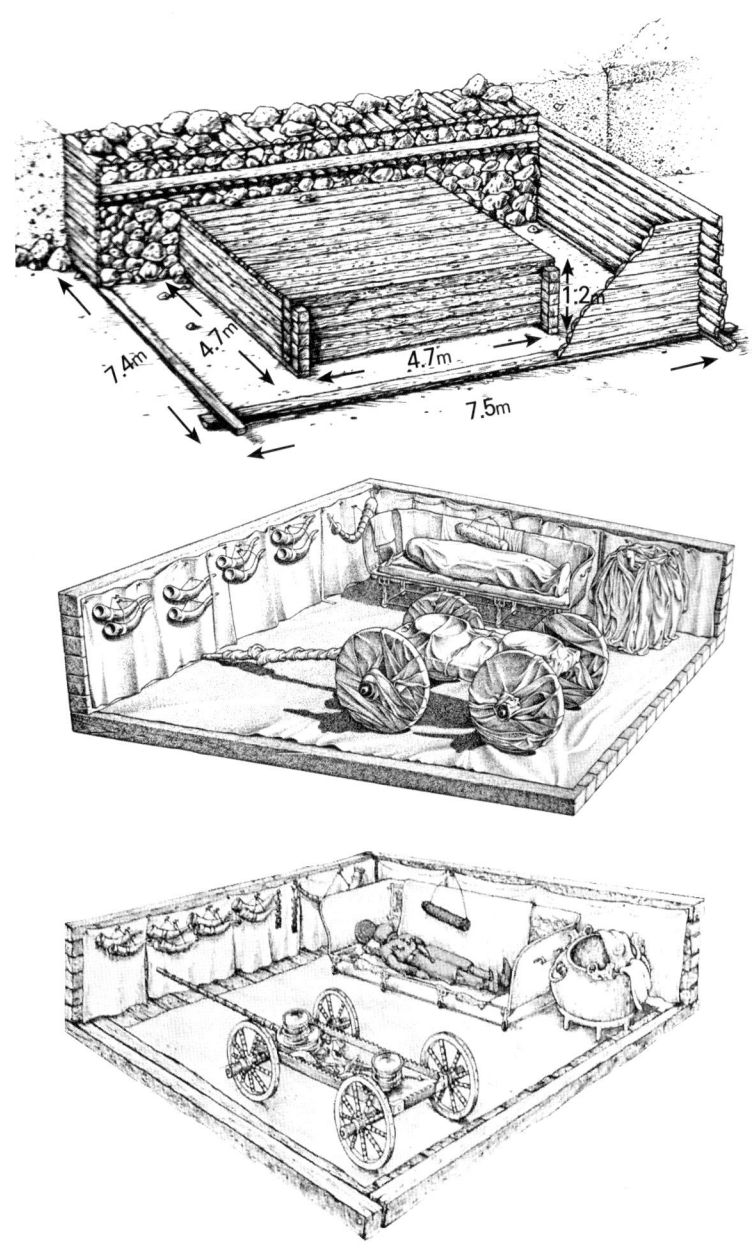

그림 19. 호흐도르프 무덤 내부를 순차로 복원한 그림

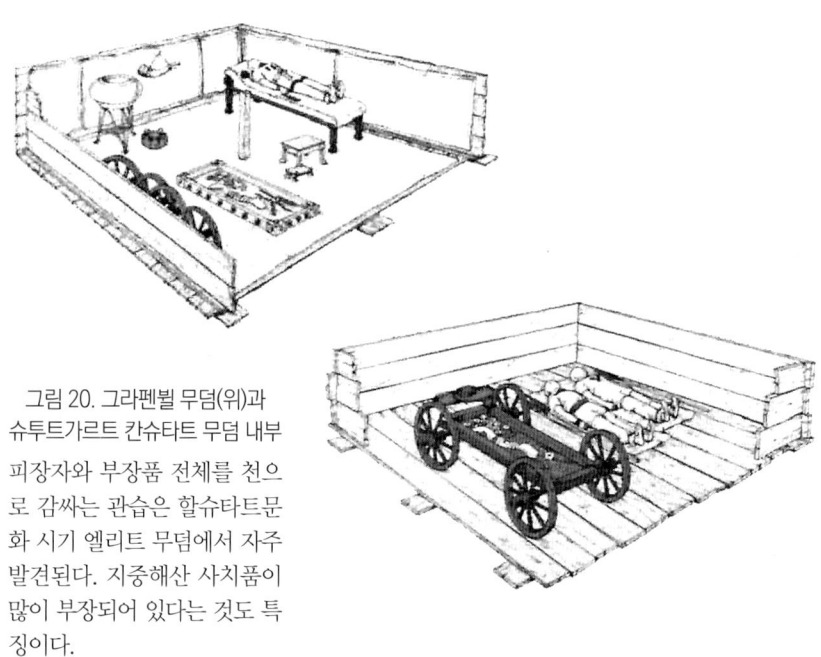

그림 20. 그라펜빌 무덤(위)과 슈투트가르트 칸슈타트 무덤 내부 피장자와 부장품 전체를 천으로 감싸는 관습은 할슈타트문화 시기 엘리트 무덤에서 자주 발견된다. 지중해산 사치품이 많이 부장되어 있다는 것도 특징이다.

2.75m 벤치 모양의 청동제 침상에 놓여 있었다. 시상대로 쓰인 침상은 8명의 인물이 떠받치고 있으며 벽면에 전투장면과 수레에 탄 전사가 묘사되어 있다. 부장품의 경우 네 바퀴 달린 수레, 그리스산의 거대한 청동솥, 금제 그릇과 장신구 등이 있으며, 피장자의 머리맡에는 청동·금·은으로 장식한 뿔잔이 걸려 있다. 피장자를 비롯해 모든 부장품은 푸른색, 붉은색, 자주색 등 다양한 색상으로 염색된 고급 천으로 감쌌다. 묘실 바닥도 천을 깔아 덮었고 벽에도 천을 사방으로 둘렀다.

다음으로 철기시대 후기를 대표하는 라텐문화를 보자. 라텐문화는 할슈타트문화의 유물군 및 무덤의 양식 등과 연결되고 있어서 할슈타트문화를 단절 없이 계승했다고 보고 있다. 라텐이라는 명칭은 19세기 스위스 뇌샤텔

그림 21. 호흐도르프 무덤 출토 유물
위쪽부터 금제팔찌, 그리스산 토기, 금제그릇, 에트루리아양식을 모방한 청동그릇, 피장자의 머리맡과 발치에 놓인 뿔잔과 청동솥, 피장자가 차고 있던 청동검

그림 22. 라텐양식의 장식들과 작은 석상들

해제 33

호수(le lac de Neuchâtel) 근처에서 발견된 라텐 유적의 이름에서 따온 것이다. 기원전 5세기부터 발전하여 기원전 1세기경 로마의 확장으로 쇠퇴한다. 독일의 만칭(Manching) 유적과 켈하임(Kelheim) 유적 프랑스의 비브락테(Bibracte) 유적 등이 유명하다. 할슈타트문화와 분포범위가 유사하며 프랑스 빅스 유적과 같이 일부는 후기 할슈타트문화와 선후 층위관계를 보이기도 한다.(이 책 154쪽 지도 참조)

라텐문화는 앞 시기의 기하학문양 대신 나뭇잎, 꽃, 식물의 덩굴손 등을 위주로 하는 비대칭적 문양의 등장으로 구분된다. 문양의 변화는 그리스와 에트루리아 및 동유럽의 초원지역에서 유행한 장식전통의 영향을 받은 것으로 보고 있다.

기원전 4세기가 되면 라텐양식이 유럽 전역으로 확산되는데, 사물을 실물과 유사하게 묘사하지 않고 간단하게 양식화된 형식으로 표현한다. 일반적으로 금제나 청동제 장신구에 사람과 동물의 양식화된 모습을 디자인해 넣고 산호와 유리로 상감을 하기도 한다. 수염의 유무로 남성과 여성을 표현하고 동물문양의 경우도 어떤 동물을 표현한 것인지 알 수 없을 정도로 양식화된다. 로마 동전을 모방한 은화와 동전도 발행되고 유통된다. 은화와 동전의 앞면과 뒷면에 집단이나 종족의 상징적 문양이나 지도자의 이름 혹은 얼굴이 있다. 라텐문화 후기에는 그리스와 로마의 영향을 받아 작은 석상의 제작이 유행한다. 물레를 이용한 토기가 제작되며 화려한 수공예 피불라 브로치 대신 장식 없이 단순한 모양의 피불라가 대량 생산된다.

취락은 앞 시기와 달리 높은 성곽으로 에워싸 요새화되는데, 이를 '오피둠(Oppidum)'이라고 한다. 라틴어로 도시라는 뜻인 오피둠은 맨 처음 카이사르가 명명한 것인데, 카이사르가 갈리아를 정벌하면서 현지의 취락을 직접

보고 붙인 이름으로 추정된다. 오피다(oppida : oppidum의 복수형)는 돌로 성벽을 쌓고 그 위에 다시 나무 판재를 쌓은 형태이다. 성벽 위를 사람과 마차가 다닐 수 있을 정도로 넓게 쌓았다. 오피다 안에는 지배계급이 거주하는 궁전과 일반 살림집이 있고 생산을 위한 공방과 시장이 있다.

또한 도랑, 담장, 울타리 등 특정 공간을 둘러싼 구조물인 인클로저(Enclosure)도 조성된다. 인클로저의 기능에 대해서는 여러 의견이 있다. 인클로저 안에서 다양한 종류의 토기, 금속기, 진흙반죽 등 가사활동과 관련된 많은 유물이 출토되었고 오피다 외의 취락이 없다는 점에 근거하여 대부분의 인클로저를 내부 거주지 등을 보호하는 취락시설의 일부로 보기도 한다. 그러나 일부 환호 안에서 부러진 무기들, 동물뼈, 사람뼈, 석제 사람머리 조각 등이 발견되고 있어서 제의를 위한 시설로 보기도 한다. 또한 인클로저 주변에 석제 인물두상을 묻거나 우물에 목제 조각상을 묻는 행위 등이 발견되고 있음을 근거로 하여 이 책의 저자는 취락 내에서의 일상생활과 제의 행위를 구분해 온 전통적 접근법 대신 철기시대 유럽 사람들이 매우 다양한 방식으로 인클로저를 사용했음을 고려해야 한다고 조언한다.

라텐문화 유적의 대표적인 사례는 스위스 뇌샤텔주의 뇌샤텔호숫가에 위치한 라텐 취락유적이다. 1857년 가뭄으로 인해 뇌샤텔호수의 수위가 낮아지면서 목제 구조물과 40여 점의 철검이 노출되면서 알려졌고 이후 가뭄이 계속되면서 호수 바닥이 드러나 주거지가 발견되었다. 검, 도끼, 낫, 칼과 칼집, 화살촉, 방패 등과 같은 철제 무기류, 피불라 브로치, 청동제 반지, 거마구, 사람과 동물뼈 등이 다량 출토됐으며 켈트동전과 로마동전 등이 출토됐다. 취락 내부에는 주거지 외에 공공 제의를 위한 장소도 마련되어 있었다.

독일 바이에른의 잉골슈타트(Ingolstadt)에 소재한 만칭 오피둠은 대규모

그림 23. 라텐 유적 표지판과 유적이 발견된 뇌샤텔호수

그림 24. 독일 만칭박물관에 전시된 만칭오피둠 동쪽 성문(위)과 취락 내부 복원도

요새취락으로 기원전 3세기경에 조성되어 라텐문화 후기를 대표한다. 언덕 위에 조성된 다른 오피다와는 달리 강가에 조성됐다. 성채 안에는 주거지, 도로와 같은 기반시설, 종교적 제의시설, 공방 등이 마련되어 있어 도시화가 진행되고 있음을 보여주고 있다.

만칭, 뇌샤텔, 비브락테와 같은 오피둠에 대해서는 웰스의 책 본문에 자세히 나오므로 여기서는 상세히 다루지 않기로 한다.

그림 25. 프랑스 비브락테 오피둠의 토성 전경 이청규 사진 제공

　무덤의 경우 화장이 다시 유행하지만 엘리트의 무덤은 대부분 단독으로 조성되고 피장자는 여전히 수레에 안치된다. 부장품은 지역에 따라 조금씩 차이가 나지만 남성 무덤에는 무기를, 여성 무덤에는 장신구를 주로 부장한다는 점에서 공통적이다.

　독일 헤센(Hessen)의 글라우베르크(Glauberg) 유적은 오피둠과 다수의 대형 봉토분이 발견된 곳이다. 현재 공원과 박물관이 조성되어 있다. 이 봉토분은 직경 약 50m, 높이 6m의 대형분이며 원형의 주구로 둘러싸여 있다. 검과 같은 무기가 부장되어 있어서 피장자는 전사였을 것으로 추정된다. 이 책의 본문에 무덤의 특징이 상세히 소개되어 있다. 흥미로운 점은 책에도 언급되어 있다시피 피장자를 표현한 것으로 보이는 석상이 발견되었다는 점이다. 키는 186㎝, 무게는 230㎏의 사암제 석상으로 갑옷, 방패, 라텐 스타일의 검이 달린 칼집, 콧수염, 세 개의 펜던트가 달린 토르크(링 목걸이)를 착용했고 양쪽 팔에는 여러 개의 팔찌가 장식되어 있다. 석상에 묘사된 장식이 무덤에서 출토된 것들과 동일하여 피장자를 표현한 것은 분명하다.

그림 26. 글라우베르크 봉토분과 석상

표지에 게시된 석상이 나온 무덤이다. (본문 128~131쪽 참조)

이청규 사진 제공

해제   39

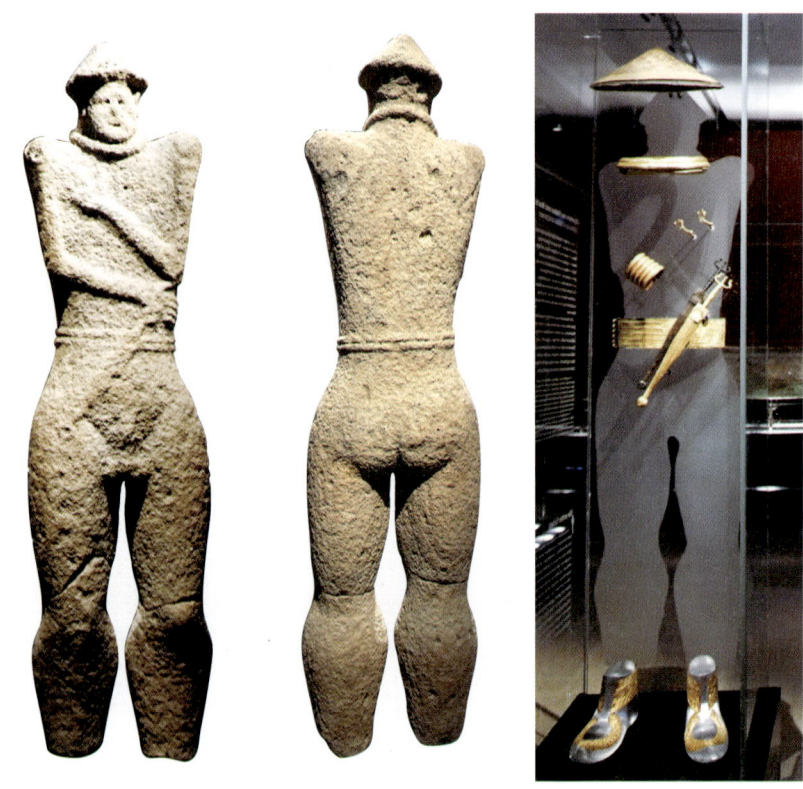

그림 27. 히르슐란덴 무덤의 석상과 출토 유물
석상에 묘사된 장식과 무덤에서 출토된 장식이 일치하여, 석상이 피장자임을 나타내고 있다.
(본문 98쪽 참조)

독일 라인란트-팔츠의 로덴바흐(Rodenbach) 유적도 라텐문화기의 대형 봉토분으로 유명하다. 봉토분 가운데 1기는 높이 4m, 길이 30m가 넘는다. 피장자는 금제 팔찌, 청동그릇, 청동벨트 버클 등 다량의 부장품들로 둘러싸여 있었다.

프랑스 부르고뉴 북부의 빅스 유적은 취락과 고분으로 구성된 대규모 복합유적이다. 이 중 빅스의 보물로 알려진 여성의 무덤은 도굴되지 않아 온전

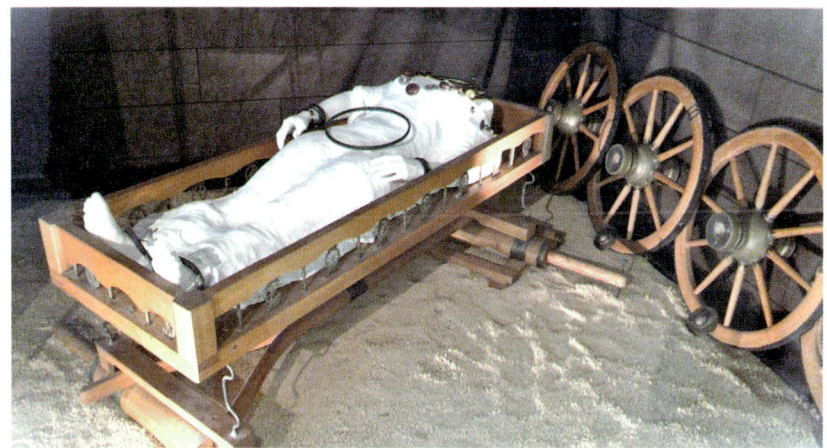

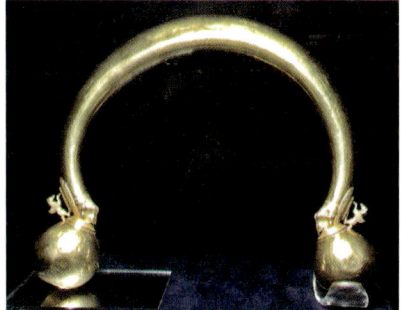

그림 28. 빅스 유적 전경(맨 위), 무덤 내부,
부장된 크라테르 청동솥과 금제 토르크 링 목걸이

이청규 사진 제공

한 채로 발굴됐는데 많은 부장품과 거대한 청동솥이 출토됐다. 이 청동솥은 빅스 크레이터(Vix Krater)라고 하여 와인과 물을 섞는 용도로 알려졌는데 1.63m, 무게 200㎏ 이상의 대형이며 여러 가지 모양의 정교한 장식이 부가되어 있다. 고고학자들은 이를 지중해사회의 영향으로 보고 있다. 피장자는 35세 정도이며 천으로 감싸여 수레 위에 안치됐다. 수레와 수레바퀴는 분리되어 수레 옆에 놓여 있었다. 금제 목걸이, 호박, 산호 등이 함께 부장됐다. 또한 지중해에서 수입된 물품도 출토됐다. 무기는 부장되지 않았다.

이상으로 할슈타트문화와 라텐문화를 간략히 살펴보았다. 온대 유럽의 철기시대 사회가 지중해 지역의 그리스·로마와 끊임없이 상호작용했음을 보여주는 교역품의 존재를 염두에 두고 책을 읽으면 상호작용이 갖는 의미를 이해하는데 도움이 될 것이다.

책의 구성과 내용

본문은 전체 8장으로 구성되어 있다. 목차에는 각 장의 제목만 제시되어 있으나 장을 구성하고 있는 항목을 전체적으로 같이 보면 기승전결로 이어져 이 책이 전달하고자 하는 것이 무엇인지 쉽게 간취할 수 있다. 독자의 호기심을 자극하면서 동시에 본문의 내용을 이해하는 데에 도움을 준다.

'문자기록을 남기지 않은 철기시대 주민의 정체성', '고고학 문화와 종족'이라는 엄청나게 크고 복잡한 주제를 작고 얇은 문고판에서 명쾌하게 풀어나가면서 독자들에게는 유럽의 철기시대 문화와 주민에 대한 이해를 돕고 있고, 연구자들에게는 발굴을 통해 획득한 물질자료들을 그동안 어떻게 다루었던가 반추하게 만든다.

각 장을 구성하는 항목을 포함한 목차를 제시하면 다음과 같다.

1. 철기시대의 고고학과 정체성
   - 다른 세계의 정체성에 접근하기
     정체성은 누구의 관점인가
     정체성과 고고학
     행위의 고고학
     종족성과 정체성 : 현재에서의 과거와 과거에서의 현재
     물질문화, 정체성, 대리인
     정체성의 정의와 특징
   - 정체성의 표현
     행위와 정체성
     물질적 표현
     타자에 대한 정체화
   - 정체성의 역동성
     변화와 정체성
     어떻게 물질문화가 정체성을 구성하는가
     외부인의 문헌기록과 정체성의 역동성
     부족지대
     이동성, 상호작용, 정체성
2. 유럽 초기 철기시대에 나타나는 정체성의 변화
   - 철기시대의 개념과 특징
   - 물질적 표현에서의 새로운 양식
   - 이동성과 상호작용 : 타자에 대한 지식의 증가

- 진행 중인 순간으로서의 고고학 유적
- 정체성과 상호작용
- 수입품, 엘리트, 지역성
- 인물 형상과 정체성 : 새로운 표현들

3. 지역 간 정체성의 형성
   - 새로운 스타일의 장식
   - 후장(厚葬) 무덤과 새로운 스타일
   - 자신과 타자를 향한 새로운 관점
   - 라텐양식의 확산
   - 공공의 제의

4. 타자에 대한 묘사 : 최초의 기록
   - 최초의 명명이 갖는 맥락과 의미
   - 그리스인의 종족에 대한 개념
   - 문헌과 이주
   - 그리스인에게 켈트족은 누구였는가

5. 후기 철기시대 경관에서의 경계와 정체성
   - 새로운 경계의 형성
   - 매납의 새로운 양상
   - 물질문화와 사회집단
   - 로마의 팽창과 영역 정체성
   - 지역 간 정체성

6. 타자의 관점 : 그리스·로마인의 묘사
   - 복잡하게 얽힌 것들의 누적된 결과들
   - 문화적 구성으로서의 기록 : 철기시대 주민에 대한 표현
   - 타자 만들어내기 : 그리스·로마인의 타자에 대한 이미지
   - 문헌 자료와 역사적 전통
   - 타자에 대한 명명
   - 부족화 : 과정과 인식

• 켈트족과 게르만족
　7. 표현에 대한 반응
　　　• 기병 엘리트의 형성
　　　• 로마의 '친절한 왕들'
　　　• 동전에 그려진 이미지와 집단의 정체성
　　　• 충돌 : 라인강에 대한 로마식 표현 대 토착민의 이해
　　　• 로마화의 거부 : 저항으로서의 매장 표현
　8. 글을 마치며

　제1장 철기시대의 정체성과 고고학에서는 유럽의 철기시대에 활동했던 주민의 정체성을 이해하기 위한 전제로 최근 학계에서 논의되고 있는 정체성이라는 개념과 그 속성을 살펴보고 있다. 꽤 많은 부분을 할애하여 기록을 남기지 않은 철기시대의 주민집단이 그리스·로마라는 타자에 의해 제국주의와 식민지적 맥락에서 서술되고 정체화되었음을 설명하고 있다.

　저자는 책 전반에 걸쳐 그리스·로마인들이 자신들과는 다른 방식으로 사는 철기시대 주민집단을 가리키기 위하여 막연하게 켈트족이나 게르만족 혹은 스키타이족이라는 용어를 처음 사용하였음을 여러 문헌기록을 통해 보여준다. 그리고 이러한 종족명이 어떠한 과정을 거쳐 현대인에게 특정한 이미지, 예를 들면 '용맹하고 사나운 켈트족'으로 고착되었는가를 탐색하고 설명한다. 누가 어떤 맥락에서 이들을 기록하였는지, 외부인인 그리스·로마인들이 '자신들이 조우한 사람들의 정체성을 어떻게 인식하고 표현했는지'를 설명하고 있다. 그러면서 기록을 남긴 저자가 만든 범주 안에서 저자 자신이 인식한 대로 표현하고 호명했기 때문에 철기시대 주민 스스로가 자신을 인식하는 방식과 문헌의 표현이 다르다는 것을 에드워드 사이드(Edwrd Said)

의 오리엔탈리즘을 예로 들어 설명한다.

또한 고고학자가 유물을 다룰 때 간과하기 쉬운 것들, 예를 들면 유물을 만든 사람들이 우리와 유사한 방식으로 자신들의 삶을 조직하고 영유하였고 현대 산업사회처럼 그들도 자신의 사회 환경과 자연 및 초자연적인 현상을 바라보았을 것이라고 생각하고 유물을 분류하고 해석한다는 점을 지적하고 있다. 현대 고고학자라면 당연히 조심해야 하는 문제들을 거론하고 있는 것처럼 보이나 우리가 고고학 자료를 대할 때 놓치기 쉬운 부분이기도 하다. 저자는 이와 같은 착오를 방지하기 위해서는 우리 자신이 살고 있는 사회를 둘러싼 모든 범주를 초월해 우리의 사고를 확장시킬 것을 요구한다.

그는 정체성을 '사람들이 다른 사람들과의 유사점과 차이점에 대해 끊임없이 변화하는 감정과 지식'이라고 정의한다. 타자와의 상호작용 없이는 정체성을 말할 수 없다는 의미이다. 따라서 정체성이라는 주제를 다룰 때에는 개인, 가족, 지역집단, 종족, 국가 등 모든 수준에서 정의되고 검토되어야 하는 매우 복잡하고 다면적인 측면을 고려할 것을 제안한다.

저자 피터 웰스에 따르면 정체성은 변화가 심한 격동의 시기에 사람들의 삶과 의식 속에 더욱 중요하게 각인된다. 그는 남아프리카 원주민 '츠와나(Tswana)족'에 대한 최근 연구를 사례로 들어 설명하고 있다. 츠와나족은 유럽 선교사들과의 상호작용 과정에서 처음으로 자신들이 별개의 민족임을 의식하게 되었다. 선교사들을 만나기 전에는 생각할 필요가 없었던 자신과 타자에 대한 관념이 새로 생긴 것이다. 전통, 관습, 언어, 물질문화가 분명히 다른 사람들의 등장과 같은 변화가 있은 후에야 자신들이 마주한 유럽인의 특징과 반대되는 사람으로서, 즉 종족으로서의 정체성을 만들어 내는 동기를 갖게 된다는 것이다. 따라서 관습, 전통 등은 오랫동안 생활방식의 일부였으나 동시에 정체성을 나타내는 표식이 되면서 강력하고 새로운 의미를 부여받게 된다.

물질문화가 정체성을 구성하는 방식에 대한 물음에 저자는 상호 호응하는 사람과 물질문화의 관계로 대답한다. 즉 사람들은 물질문화를 이용할 뿐만 아니라 물질문화와 상호작용한다는 것이다. 저자에 따르면 사람은 물건을 만들고 장식하고 착용함으로써 자신에 대한 정보를 전달하는데, 이것이 곧 물질문화가 정체성을 구성하고 표현하는 방식이다. 따라서 유적에서 발견된 수입품의 경우 기존에는 위세품 경제나 중심과 주변의 상호작용, 관습의 차용 등과 같은 메커니즘의 탐색, 무역시스템, 편년 수립 등 흔히 했던 범주에서 벗어나 물건을 수입한 사람들이 자신의 정체성을 구성하기 위해 어떻게 수입품을 사용했는가의 측면에서 이해하고 설명할 필요가 있다고 제안한다.

고분에서 발견된 부장품의 종류와 범주에 집중하기보다는 이것을 만들고 사용한 사람들이 실제로 한 일, 즉 행위의 고고학(An archaeology of practice)에 초점을 맞추어야 한다는 설명이다.

이와 같은 저자의 주장은 고고학 문화의 경계와 부족의 경계를 동일시 할 수 없다는 것에 찬동하면서도 한편으로는 물질문화가 어떻게 정체성을 구현하는가를 설명함으로써 고고학 문화를 통해 이를 만들고 발전시킨 주인공에 조금이라도 근접하게 접근할 수 있는 실마리를 제공하는 것이기도 하다.

그는 물질문화와 종속의 관계에 대한 최근의 연구를 소개하는 것도 잊지 않는다. 인류가 만들고 사용한 물건들을 서로 다른 개인과 개인, 집단과 집단 사이의 정보를 전달해주는 소통의 매개체로 설정한다. 고고학의 물질적 증거들은 그것이 속했던 사회의 상호작용이라는 측면에서 이해되어야 하며,

정체성은 고정불변의 것이 아니라 가변적이며 관계를 맺은 세력에 따라 움직이는 역학적이고 때로는 우연적인 속성을 갖는다는 것을 제시한다. 개인은 어떠한 맥락에서건 선택을 통해 자신들의 행위를 표현하는데, 고고학 자료를 다룰 때 개인이라는 측면에서 접근하여 행위와 표현에서 발견되는 변이를 이해할 필요가 있다.

의복이나 브로치, 목걸이 등과 같이 개인이 착용하는 장식은 자신의 정체성을 표현하는 하나의 매개체로 기능한다. 따라서 착용하는 장식이 변했다는 것은 곧 정체성을 표현하는 방식에서의 변화로 이어진다고 본다.

이 책의 저자도 여느 고고학자와 마찬가지로 정체성을 식별하는 가장 좋은 고고학 자료로 고분을 꼽는다. 매장을 위한 제의, 종교 의식, 연회 등과 같은 의례 자체는 고고학자에 의해 쉽게 파악될 수 없다. 그러나 사회의 본질적인 의미와 관계가 의례를 통해 고고학적으로 분석이 가능한 대상, 즉 물질로 구현되기 때문에 정체성의 탐색에 유용한 정보원이 될 수 있다는 것이 저자의 견해이다. 고고학자에 의해 관찰되는 것들, 예를 들면 주검을 처리한 방식, 매장의 구조적 특징, 부장품, 귀중품들의 선택적 부장 및 부장 위치는 정체성에 대해 많은 것을 보여준다.

이와 같이 책을 읽다보면 고고학자가 마주하게 되는 무덤은 주검을 안치한 단순한 구조물이 아니라 특정한 사회적 요인으로 인해 수행된 일련의 물질적으로 표현된 행위의 결과물로 이해할 수 있게 하는 안목이 자연스럽게 생김을 느끼게 된다.

제2장부터 제6장까지는 저자가 이 책을 쓴 목적, 즉 켈트족, 게르만족, 스키타이족의 정체성이 어떻게 구축되고 표현되었는지를 고고학 문화와 그리스·로마의 문헌자료를 비교, 검토하면서 살펴보고 있다.

제2장은 유럽의 철기시대에 대한 개략적인 설명을 하고 초기 철기시대를 대표하는 할슈타트문화를 앞 시기와 비교하면서 그 변화가 갖는 의미를 살펴보고 있다. 유럽의 철기시대는 철이 처음 등장해서 보편적으로 사용되는 시기와 로마 정복기 사이의 기간이다. 대략 기원전 700년부터 기원 전후까지이다. 지역적으로 보면 온대 중부 유럽의 경우 철기시대는 기원전 800년경에, 영국과 스칸디나비아 등에서는 기원전 600년경에, 그 외 일부 지역에서는 이보다 조금 늦은 시기에 시작되어 시간적 차이가 있다.

철기시대에는 청동기시대와 구분 짓는 철기 제작기술의 발달 외에도 많은 변화가 나타났다. 이전보다 커진 규모의 사회가 발전했으며, 평평한 무덤이 적어지고 대형 봉분이 조성되며 화려한 물품들이 피장자와 함께 부장됐다. 생산과 무역의 중심지가 형성되고 환호나 목책 혹은 거대한 성벽을 두른 요새형 취락이 보편화되었다.

이와 같은 새로운 물질적 표현 양식을 저자는 주민집단이 정체성을 표현한 방식이 변화한 결과로 본다. 변화의 기재는 초기 철기시대에 발생한 대규모의 주민 이동과 이로 인한 광범위한 상호작용이다. 그리고 이 시기에 발견되는 벨트판·피불라 브로치 등의 장신구, 매장 관행 등을 살펴보고 당시 고고학 자료에서 종족을 구분할 만큼 뚜렷한 경계가 보이지 않는다는 점을 주목한다. 이를 통해 초기 철기시대의 토기, 금속 장신구, 매장 관행 등을 기준으로 중부유럽 남부의 할슈타트 집단, 중부유럽 북부의 노르딕(Nordic) 집단, 북동부 유럽의 라우지츠(Lausitz) 집단으로 구분하는 기존의 견해가 고고학 자료와는 부합하지 않고 있음을 보여준다.

대신 그는 고고학 자료에서 나타나는 전체적인 변화를 상당한 규모의 주민 이동과 물질의 유통이 이루어지고 있었음을 보여주는 근거로 해석한다.

주민의 이동성 증가와 이로 인한 상호작용의 확대는 타자에 대한 지식의 축적으로 이어지고 이것이 곧 타자와 자신을 구분하게 되는 정체화의 시작으로 보고 있다.

또 한 가지 흥미로운 것은 이 시기에 정체성을 표현하기 위해 인물형상을 이용한다는 점이다. 할슈타트 유적의 말 탄 기사들이나 호흐도르프 무덤의 벤치형 시상대를 떠받치고 있는 여덟 명의 인물상, 토기 겉면에 묘사된 사람, 프랑스 빅스 유적에서 발견된 실물 크기의 석상에 대한 예시가 본문에 제시되어 있다. 저자는 인간의 모습을 표현하는 이 새로운 행위를 자신이 살고 있는 세계와 자신에 대해 생각하는 방식에 중요한 변화가 일어났음을 보여주는 물적 증거로 든다.

제3장은 철기시대 후기에 발전한 라텐문화와 이 문화를 남긴 주인공 및 그들이 정체성을 표현한 방식을 다루고 있다. 시간적으로는 대략 기원전 500년부터 기원전 200년에 해당한다.

꽃잎이나 넝쿨과 같은 식물문양 등을 특징으로 하는 새로운 라텐양식의 장신구, 지중해산 수입품 대신 링으로 된 목걸이와 팔에 끼는 장신구 등 재지산 물품의 부장, 지중해산 청동그릇에 라텐양식의 문양을 덧붙여 새로운 형태의 재지화 된 청동그릇의 제작 등의 변화가 나타나는 시기이다.

저자는 이러한 변화를 신흥 엘리트집단이 자신의 지위와 신분을 과시하는 방법을 바꾼 결과로 해석한다. 말하자면 할슈타트문화로 대표되는 초기 철기시대의 엘리트가 지중해산 수입품으로 자신의 지위를 나타냈다면, 라텐문화로 대표되는 철기시대 후기의 엘리트는 수입품보다는 재지적인 속성으로 자신의 정체성을 나타내는 것으로 변화한 것이다. 정체성을 표현하는 방식에서 수입품보다는 재지적인 속성을 더 중시했다는 말인데 이는 곧 자신과 타인을 바라보는 시각에 변화가 일어났음을 의미한다.

또한 기원전 4세기와 3세기에는 라텐양식이 라인란트 중부와 프랑스 동부, 포르투갈, 우크라이나, 이탈리아, 영국과 스웨덴에 이르기까지 유럽 전역에 확산된다. 주검을 바로 펴서 땅 속에 묻는 매장방식, 목·팔·다리를 꾸미는 장신구, 피불라 브로치, 창끝·검과 같은 무기류, 도자기 등의 부장품에서도 균질성이 나타난다. 저자는 이러한 현상이 '켈트족의 확산'을 의미하는 것으로 해석되지는 못할지라도 이러한 양식의 광범위한 채택은 지중해 지역과 북유럽 평원을 구분하는, 어느 정도 '공유'된 정체성의 형성을 나타내는 것으로 해석했다.

본문에서 다루고 있는 독일 글라우베르크 유적도 정체성의 표현 방식과 관련해 흥미로운 고고학 자료이다. 글라우베르크 유적은 대형 봉토와 다수의 매장주체부로 이루어진 고분이다. 다량의 부장품, 서제 인물상, 봉도를 둘러싼 주구 등이 발견되었는데, 석제 인물상에 부장품과 일치하는 각종 장신구를 새겨 넣음으로써 석상이 피장자를 표현한 것임을 분명하게 드러내고 있다.

또 한 가지 눈여겨 읽어보아야 할 대목은 '라텐양식의 확산' 부분이다. 저자는 무덤의 구조, 부장품의 배치, 장신구, 무기, 토기 등에 보이는 라텐양식의 확산을 단순히 주민의 이주나 교역의 결과로만 볼 것이 아니라 토착민들이 이를 차용하고 적용하고 공유한 결과로 해석될 수 있음을 제안한다. 화려하고 정교한 라텐 장신구가 라텐양식의 분포권 가장자리에서 주로 발견되고 있는데, 그는 이러한 현상을 '온대 유럽인들이 자신을 북부 및 남부의 이웃과 구별하기 위한 표식의 표현'으로 보았다. 경계 지역에서의 전통의 강조는 주로 타자에 의해 자신들의 정체성이 위협받고 있다고 느끼는 환경에 처하게 되는 집단의 구성원들에게서 자주 관찰되는 현상으로 전통이 위협받고 있다는 일종의 위기감에서 오는 전통의 강조라는 것이다.

제3장의 마지막 항목 '공공의 제의' 부분에서는 초기 철기시대에 집단의 제의를 위한 체계적인 구조물 제작을 다루고 있다. 덴마크 알스섬 연못에 침잠된 목선(木船)과 철제 장검 11점, 창 169점, 목제 방패 50점 등의 매납 사례가 제시되어 있다. 또한 러시아 필리포브카(Filippovka) 유적의 쿠르간을 통해 철기시대 주민들이 자신의 정체성을 표현하기 위해 장례라는 제의를 어떻게 이용했는가를 보여주고 있다.

이와 같은 의례공간의 인위적 조성은 호수, 늪지, 동굴, 우물 등과 같은 자연 그대로의 상태를 활용한 철기시대 초기의 상황과 다르다. 저자는 이러한 차이의 원인으로 사회 구성원들이 자신을 바라보는 방식에서의 근본적인 변화를 꼽는다.

제4장은 온대 유럽의 철기시대 주민들을 최초로 기록하고 명명한 그리스·로마 문헌을 검토하고, 문헌의 저자와 저자가 속한 사회를 이해한 후에 연구 자료로 활용할 것을 강조한다. 이 부분은 스스로의 역사를 문자기록으로 남기지 않은 주민에 대한 연구에서 특히 중요하다. 왜냐하면 옛 문헌을 마치 객관적인 사실의 기록인 양 무비판적으로 받아들이고 후대의 주석가나 연구자에 의해 확대 재생산되어 결국은 특정 이미지로 주민의 정체성이 왜곡되고 고착되는 일이 흔하기 때문이다.

본문에서는 '켈트(Celt)', '스키타이(Scythians)', '게르만(German)'이라는 종족명이 어떠한 배경에서 기록되었고, 이들을 특정한 지역범위에 비정(比定)한 근거가 무엇이었는지를 살피고 있다. 켈트라는 이름이 기원전 6세기 그리스 문헌에 켈토이(Keltoi)라는 명칭으로 처음 등장한 이후 여러 주석가들에 의해 묘사된 방식, 이들이 살고 있다고 기록된 지역을 꼼꼼히 검토하고 비판한다. 스키타이가 이란 문서에 사카(Saka)로, 아시리아 문헌에는 아슈구자이(Ashguzai)로 기록되었음을 보여주면서, 결국 이들 이름이 특정 종족을 가리키기 위한 것이 아니라 '문헌의 저자가 속해 있는 지중해 세계'에 대응해서 '잘 알려지지 않은 지역의 주민들을 부르기' 위한 범칭이었을 가능성을 제시한다. 웰스는 그리스 문헌의 저자들이 종족 이름이나 종족의 특징을 알게 된 경위 등에 대해 기록하지 않았음을 환기시키면서 고고학 자료를 문헌기록과 비교하여 이해하려는 노력의 중요성을 강조한다.

또한 그는 콜럼버스의 '인디언(Indian)'이라는 명칭을 사례로 들어 종족명과 정체성 사이의 간극을 보여주고 있다. 본문과 중복되지만 정체성이 어떻게 왜곡되고 구축되는지 잘 보여주는 사례이므로 아래에 제시해 보면 다음과 같다.

1492년 콜럼버스는 산타마리아호를 타고 황금을 얻기 위해 인도를 찾아 길을 떠났다. 몇 달 후 한 섬에 닿아 인도를 찾았다고 생각했고, 자신이 만난 토착주민들을 인도 사람, 즉 인디언이라고 불렀다. 잘 알다시피 콜럼버스가 상륙한 곳은 인도가 아니라 아메리카 대륙의 카리브해 산살바도르(San Salvador)라는 섬이었다. 콜럼버스가 아메리카를 인도인 줄 잘못 알고 토착민들을 인디언이라고 부른 것이다. 당시 토착민들은 자신을 인디언이라고 부르지 않았다. 인디언이라는 이름을 가지고 있지도 않았으며 그런 용어도 없었다. 토착주민들은 부족이나 종족에 속해 있으면서 자신들 고유의 이름을 갖고 있었다. 그럼에도 불구하고 인디언이라는 이름은 유럽 전역에서 널리 받아들여졌고, 콜럼버스가 처음으로 조우했던 지역과 북아메리카 및 남아메리카의 모든 지역에서 토착민을 의미하게 됐다. 차츰 유럽인과의 교류와 접촉이 많아지면서 토착민들은 자신들이 인디언으로 불려짐을 인식하게 되었고 자신들 고유의 이름 대신 인디언이라는 이름으로 유럽인들과 상호작용을 하였다.

당연히 오늘날 인도 사람을 의미하는 '인디언'과 콜럼버스가 미국 원주민(native American 혹은 indigenous people)을 가리켜 사용한 '인디언' 사이에는 아무런 연결고리가 없다. 인디언이라는 명칭은 토착주민들이 자신을 이해하는 방식과는 상관이 없었으며, 오히려 아시아를 향해 서쪽으로 가는 길을 발견하고자 한 콜럼버스의 열망을 반영한 용어이다. 웰스는 인디언이라는 이름의 사용 및 이에 대한 일반적인 적용은 아메리카 전역의 언어, 종교, 경제, 사회조직, 정치체제, 물질문화 등에서의 다양성을 고려하지 못한 것이라고 비판한다. 본문에는 이와 유사한 사례로 인류학에서 수행하는 태평양 일대 도서의 원주민들에 대한 참여관찰의 사례를 추가로 들고 있다.

아메리카의 토착민들이 '인디언'이라는 이름을 받아들이게 된 과정은 매우 흥미로운 것으로, 문헌에 기록된 수많은 종족명이나 정치체의 이름이 갖는 의미를 다시 한번 생각해 보게 한다. 최초의 명명이 어떠했음을 짐작하게 하는데, 켈트나 갈리아(Gaul)라는 호칭도 이와 유사했을 것이다. 우리의 경우 동이, 예맥 등이 해당하지 않을까.

최초의 명명에 대한 저자의 문제의식은 기원전 6~5세기 그리스인이 갖고 있었던 종족의 개념에 대한 설명으로 이어진다. 그리고 그리스·로마 문헌에 기록된 켈트족의 대이동과 고고학 자료의 불일치, 그리스인에게 켈트족이 갖는 의미 등이 본문에 자세히 다루어지고 있다.

정체성의 형성 과정에서 저자는 간과하기 쉬운 또 한 가지를 제시한다. 문서를 기록한 그리스인 역시 다른 주민들과 조우하고 교류하면서 자신들의 정체성에 대한 개념, 즉 '그리스인', '그리스다움'을 만들어가고 있었다는 점이다. 이 점은 연구자로서 놓치지 말아야 할 점인데, 교류는 원격지의 서로 다른 집단을 연결시키고 통합시키거나 혹은 문화적 유사성을 가져오기도 하지만 타자와 구별되는 차별성이나 독자성 혹은 사회집단의 정체성을 형성하는 요인으로 작용한다는 점을 잘 보여주기 때문이다.

제5장은 기원전 200년부터 로마 정복기, 즉 기원 전후까지의 고고학 자료를 검토하고, 이 시기 유럽인들이 자신의 정체성을 표현하는 방식에서의 광범위한 변화를 살펴보고 있다.

기원전 2세기 온대 유럽에서는 '오피둠'이라고 하는 대규모의 성벽을 두른 요새화된 취락이 조성되며 제조업과 상업의 중심지 역할을 했다. 철기시대 전기에도 독일 호이네부르크와 같은 토성벽을 갖춘 대형 취락이 조성되었다. 그러나 돌과 흙으로 쌓은 높은 성벽으로 둘러싸인 오피다는 로마 이전 유럽에서 가장 큰 구조물이라는 평가를 받을 정도로 대규모로 조성되었다. 이것은 정체성의 측면에서 매우 주목되는 변화인데, 저자에 따르면 성벽 안의 오피다에 사는 사람과 성 밖에 사는 사람들 사이에 새로운 차원의 차별을 조성하는 기능을 했다. 오피다라고 하는 중심지에 있는 집단과 주변지역의 취락에 속한 집단 간의 새로운 분화는 개인이 아닌 집단의 유대감과 동질성을 갖게 함으로써 정체성을 구축한다는 것이다. 마찬가지로 환호와 성벽으로 둘러진 인클로저도 개인이 아닌 집단의 가사와 제의를 중시했음을 보여주는 사례로 들고 있다. 우리에게는 다소 낯선 취락형태인데 본문에서는 이에 대해 자세히 다루고 있으므로 온대 유럽인들의 취락과 그 기능을 이해하는데 도움이 될 것이다.

또한 오피다와 인클로저 건축에서 보이는 새로운 경계 취락의 조성, 개별 매장에서 화장을 통한 공공의 인골매장으로의 변화, 대량 생산품의 증가도 사람들의 정체성을 표현하는 방식에 변화가 있었음을 나타내는 신호로 보고 있다. 특히 부장품의 경우 할슈타트문화에서 보이는 화려한 지중해산 수입품대신 고유의 재지산 장식이 부장되며, 어떤 경우는 지중해산 수입품이 완전히 사라지는데, 저자는 이러한 변화를 엘리트가 자신의 정체성을 표현하는 방식이 바뀐 결과로 해석한다. 즉 라텐 시기에 지중해산 수입품이 적어지는 이유는 엘리트가 자신의 지위를 과시하는 수단으로 지중해와의 연결성을 더 이상 강조하지 않게 되었다는 것이다.

또 다른 특징으로는 실물 크기의 석상을 매장의 일부로 추가한다는 점이다. 석상의 얼굴은 특정인이 아닌 일반적인 사람모습이지만 석상에 표현된 의복과 장식은 무덤에서 나온 부장품과 일치하는 경우가 많기 때문에 피장자를 표현했다고 보고 있다. 이와 같은 변화는 로마의 팽창이라는 위협으로 인해 자신들 고유의 정체성을 고수하고 '안에서 생활하는 자신'들과 '밖에서 생활하는 타인'을 구별할 필요성에서 이루어졌다고 본다.

개인이 착용하는 장신구에서 나타나는 변화도 개인 중심에서 공동체 중심으로의 변화를 보여주는 예로 제시한다. 피불라 브로치는 철기시대 초기, 즉 할슈타트문화기에는 장인이 하나하나 수공예로 만들어서 각각의 피불라가 정교하고 화려한 고유의 특색을 갖추고 있었기에 이를 소유한 엘리트의 신분을 나타내기에 충분했다. 그러나 철기시대 후기, 즉 라텐문화기의 피불라는 단순한 형태로 변하고 대량 생산이 이루어져 개인이 아닌 지역민 전체가 이를 공유하게 된다. 즉 하나의 공동체가 유사한 형태의 피불라를 소유하고 장식하게 되는 것이다.

물질문화에서의 변화는 토기의 생산이나 지중해 세계의 화폐를 차용한 데에서도 간취된다. 이 책의 본문에 이것들이 어떻게 집단의 정체성을 표현하는 고고학 자료로 해석될 수 있는지가 설명되어 있다.

한편 이와 같은 변화의 요인으로서 저자는 로마의 정치·군사적 활동을 주목한다. 로마의 팽창에 의한 위협이 온대 유럽인들로 하여금 자신들의 정체성을 지중해 지역의 로마와 다른 방식으로 표현하고자 했다는 것이다.

특이한 점은 로마의 팽창에 의한 대혼란기에 온대 유럽 전역에서 발견되는 고고학 자료에서 지역집단의 정치적 경계를 구분짓기 어려울 정도로 균질성이 나타난다는 점이다. 균질성을 나타내는 경계지점에서 화려한 피불라 브로치가 다시 제작되며, 폐기된 지하매장이 재등장하는 등 앞 시기의 양식으로 회귀하는 양상이 발견되기도 한다. 저자는 이를 로마의 팽창에 의해 삶의 터전을 잃은 토착민들이 이주를 하게 되고 로마라는 타자로부터의 위협에 대응하기 위해 부분적으로는 과거의 전통에 기반하고 부분적으로는 이웃 주민들의 전통을 차용하고 적용시키면서 자신들의 정체성을 재창조하고자 했던 것으로 해석하고 있다.

이러한 관점은 이 책 전체에서 가장 흥미로운 부분 중 하나인데, 중국 동북지역을 포함한 한국청동기 및 철기시대 고고학 자료를 해석하는 데에 좋은 참고가 될 수 있다.

제6장에서는 그리스·로마인들이 온대유럽의 철기시대 주민에 대해 가졌던 생각과 이들을 표현한 방식을 탐색한다. 이를 통해 그리스·로마인들이 자신들과 다른 방식으로 생활하는 사람들을 이미지화 하면서 토착주민들의 정체성이 왜곡되고 고착화되는 과정을 보여준다. 저자는 그리스·로마 문서의 작가들이 특정 집단을 명명하고 묘사한 기준을 제시하지 않은채 그저 포괄적으로 기록했음을 분명히 하고 있다. 이 때문에 저술가나 시기에 따라 한

종족이 각기 다른 이름으로 기록되었음을 수에비족(Suebi)을 사례로 설명하고 있다. 즉 카이사르가 처음 호명한 수에비족이 카이사르 스스로도 시기에 따라 아리오비스투스(Ariovistus) 군대로 표현된 많은 집단 중 하나로 언급하는가 하면 마르코만니(Marcomanni), 콰디(Quadi), 헤르문두리(Hermunduri)를 포함해 많은 종족을 포괄하는 명칭으로 사용했고, 타키투스(Tacitus)는 대규모의 종족연합을 가리키는 데에 사용했음을 보여준다.

켈트족과 게르만족에 대한 카이사르의 명명 과정도 설명하고 있다. 카이사르는 라인강 동부에 사는 주민을 켈트족과 구별되는 집단의 의미로 게르만이라는 이름을 사용했다. 스키타이족은 더 동쪽으로 위치지었으며, 게르만이 켈트와 스키타이 사이에 있었던 것으로 묘사했다. 카이사르는 게르만이 켈트보다 문명화가 덜 되어 있었고 로마와도 생활 방식이 많이 달랐으며 영속적인 지도자가 없는 단순한 사회구조를 가지고 있었다고 기록했다.

이러한 카이사르의 묘사는 후대의 연구자들에게 영향을 주어 거의 정설처럼 받아들여졌으나 저자는 룬드(Lund)의 최근 연구를 인용해 애초에 카이사르는 라인강 동쪽으로부터 갈리아 지역으로 이주한 소규모의 집단을 게르마니(Germani)로 구분, 라인강 동쪽 땅을 의미하는 지리용어로 게르마니아를 사용했음을 소개하고 있다. 라인강 서쪽의 갈리아와 대칭되도록 하기 위해 라인강 동쪽의 모든 종족을 지칭하는 게르마니, 즉 '게르마니아에 거주하는 사람들'이라는 개념을 만들어 냈다는 뜻이다. 저자는 로마인에 의해 게르마니라고 불린 이들이 실제로 자신들을 게르마니로 인식했음을 보여주는 증거가 없음을 논증한다. 게다가 로마인들에 의해 라인강을 경계로 구분되어 명명된 켈트, 게르만, 스키타이는 고고학 자료로는 구분하기 어렵다는 설명도 주목할 부분이다. 즉 라인강을 기준으로 동쪽과 서쪽의 고고학 문화가 서로 구분될 정도로 차이가 나지 않는다는 것이다. 오히려 오피다, 오피다에서 생산된 상품, 인클로저의 조성, 금속제 매납 등의 양상에서 균질성이 더 많이 나타나고 있다.

이상과 같이 피터 웰스가 보여주고 있는 종족명의 연원은 한국의 청동기 및 철기시대의 주민을 연구할 때 많은 시사를 준다. 아시다시피 황하유역을 중심으로 발전한 중국의 상주(商周)시대부터 한대(漢代)의 저술가들은 자신들이 듣거나 조우했던 사람들에 대해 기록을 했다. 그 가운데 우리 고대사와도 관련이 있는 발, 조선(혹은 발조선), 예, 맥, 예맥, 한, 숙신 등도 있다. 고대 중국인에 의해 기록된 문서는 중국 동북지역과 한반도에 생활했던 주민들의 정체성을 다룰 때 참고할 자료이지만 동시에 엄격한 사료 비판이 요구되는 것이다.

제7장은 기원전 1세기~기원후 2세기, 온대 유럽인들이 자신들에 대한 로마인들의 표현에 반응하여 자신들의 정체성을 재구성한 방식에 대해 다섯 가지 사례를 들어 검토하고 있다. 저자가 제시한 다섯 가지 사례, 즉 기병 엘리트의 형성, 로마에 의해 양산된 토착계 통치자 - 저자는 이를 친절한 왕을 의미하는 'Friendly Kings'로 표현하고 있다 -, 동전에 묘사된 이미지와 집단의 정체성, 충돌, 로마화의 거부 등을 고고학 자료에서 읽어내고 있다. 비록 특정 문화의 경계와 특정 주민집단의 경계가 일치하지 않다고 하더라도 기록을 남기지 않은 철기기대 주민들의 정체성은 결국은 고고학 자료를 통해서 작은 단서라도 알아낼 수밖에 없다. 그리고 고고학 자료를 통한 정체성에의 접근은 개인으로서와 집단으로서의 정체성을 구분해서 천착할 필요가 있음을 환기시킨다. 정체성의 재구성 방식에 대한 다섯 가지의 고고학 사례는 본문에 잘 제시되어 있다.

예를 들면 로마에 정복당한 토착민들은 로마화에 온순하고 유순한 것으로 기록되어 있으나 오랫동안 폐기된 매장양식의 재현과 전통적 방식으로 제작한 장신구의 부장은 토착민들이 '로마와는 다른 사람'이라는 자신들의 정체성을 재확인하고자 했음을 보여주는 고고학 자료로 해석이 가능하다는 이야기다. 또한 한 여성의 무덤에서 출토된 동전의 발행 연대를 통해 150년 동안 지속적이고 반복적으로 동전을 헌납함으로써 자신들이 로마인과는 다른 사람임을 장기간에 걸쳐 재확인하고 있었다거나, 오랫동안 폐지된 장례 관행의 전통을 재현함으로써 자신들의 정체성을 재현하고자 한 고고학 증거들, 갈리아 북부와 라인란트 지역에 있는 여성의 무덤 복합체와 석상에서 발견되는 로마 스타일과 로마적 가치를 거부했음을 보여주는 고고학 자료, 로마 정복 이후의 무덤과 묘비에 토착의 피불라 브로치 양식을 새겨 넣음으로써 토착민으로서의 정체성을 묘사한 사례 등, 제7장에서는 정체성에 대한 물질적 표현과 타자에 의한 기록과 다른 측면을 고고학 자료에서 읽어내는 과정이 매우 흥미롭게 전개되고 있다.

이 책의 독자들은 자신들의 전통을 고수하려는 토착집단의 노력이 반영된 고고학 자료를 보면서 제국과 조우한 복합사회의 주민들이 어떻게 자신의 정체성을 재구성하려고 했는지에 대해 고고학자들이 고고학 자료를 해석하는 방식을 접하게 된다.

제8장은 일종의 맺음말로서 향후 연구 과제를 제언하고 있다. 그는 본문에서 제기한 여러 가지 문제, 즉 고고학 자료를 통해 집단의 정체성을 탐색하는 것이 타당한 것인가라는 원초적인 질문을 다시 한번 되묻는다. 초기 철기시대 벨트판의 장식, 취락 주변에 조성된 성벽, 후기 철기시대의 피불라 브로치 양식의 변화, 남성 무덤에 부장된 박차가 실제로 정체성을 표시한 것

인지의 여부를 어떻게 판단할 수 있는가? 고고학 자료에 나타나는 여러 양식이 철기시대 유럽인들이 타자와 비교하여 자신에 대해 생각하고 느낀 방식에 관해 우리에게 무엇인가를 이야기해 줄 수는 있다는 것은 신뢰할 만한 것인가? 아니면 정체성에 대한 오늘날 우리의 생각을 고고학 증거에 부여하고 있는 것은 아닌가?

그는 대답 대신 고고학 자료에서 나타나는 양식을 주의 깊게 확인하고 민족지적 연구 성과와의 비교가 과거에 살았던 주민이 정체성을 어떻게 다루었는지를 이해하는 데에 도움이 될 수 있을 것이라고 제안한다. 그리고 스스로의 문자기록을 남기지 않은 주민들의 정체성을 연구하는 데에 의미있는 성과를 내기 위해서는 유적에서 발견되는 유물뿐만 아니라 여러 맥락에 대한 치밀한 조사에 더 많은 관심을 기울여야 한다고 조언한다. 예를 들면 주거지를 복원하기 위해 취락에서 조사된 기둥구멍에 초점을 맞추거나, 혹은 피장자의 신분을 알아내기 위해 부장품의 특징에 초점을 맞추는 대신, 유구에서 발견된 퇴적물의 구조화된 특징을 조사하거나 유물이 보여주는 맥락에 대한 관심과 주의가 과거 인류의 행위 즉, 사람들이 실제로 무엇을 했으며 어떻게 했는가를 이해하는 데에 좀 더 도움이 된다는 것이다.

이 책은 피터 웰스가 서문에 밝혔듯이 철기시대 유럽인들이 자신들의 정체성을 구축하고 표현한 방식에 초점을 맞추고 있다. 저자가 제시한 접근법은 동북아시아 철기시대 주민들의 정체성 연구에 의미있는 비교자료가 된다. 저자는 외부인에 의해 부여된 정체성을 받아들이기보다는 어떻게 사람들이 자신을 정체화했는지를 이해하려고 노력하는 것이 중요하다는 것을 잘 보여주고 있다.

켈트, 게르만, 스키타이를 넘어서

유럽의 철기시대 고고학과 정체성

서문

사람들은 대부분 과거를 생각할 때 현대의 자연 경관에서 볼 수 있는 고분과 언덕 위의 요새를 누가 만들었고, 농부들이 밭에서 쟁기질을 하다가 혹은 고고학자들이 발굴을 통해서 발견하는 토기, 청동 장신구, 철기 등을 누가 만들었는지 알고 싶어 한다. 현대인들은 과거 인류의 행위를 자신들에게 익숙한 이름과 연관시키고 유물들을 과거 민족과 연결시키고 싶어 한다. 독일 남부에서 발굴 현장을 찾은 방문객들이 가장 많이 하는 질문 중 하나는 유물을 만든 주인공이 켈트족인지 혹은 게르만족인지를 묻는 것이다.

유럽의 선사시대 주민들을 식별하려는 시도는 기원전 6세기부터 기원후 1세기에 작성된 그리스·로마 문서에 적혀 있는 종족 이름과 기록에 의존하고 있다. 최근까지도 대부분의 고고학자와 역사학자는 외부 관찰자들에 의해 묘사된 특성화를 수용하고 선사시대 유럽인들이 남긴 고고학 자료를 그리스·로마 문헌에 의존하여 해석했다. 그러나 관점이 바뀌고 있다. 이제 많은 고고학자들은 외부인에 의해 부여된 정체성을 받아들이기보다는 과거의 주민들이 어떻게 자신을 정체화했는지를 이해하려고 노력하는 것이 중요하다는 것을 알게 됐다.

이 책에서 나는 고고학 자료에서 사람들이 수행한 행위의 결과를 분별할 수 있는 것처럼, 철기시대 유럽인들이 자신들의 정체성을 만들고 변형시키고 표현한 몇 가지 방식을 탐색하고자 한다. 1960년대 프레드릭 바르트(Fredrik Barth)의 선구적인 연구 이후 우리는 정체성이 정적이고 내재적인 것이 아니라 역동적이고 우연적인 측면으로 이해하게 되었다. 사람들은 다른 사람들과의 상호작용을 통해 자신의 정체성을 만든다. 우리는 사람들이 살았던 사회에서 그들이 경험한 변화의 맥락으로 철기시대 유럽의 정체성 문제에 접근해야 한다.

정체성이라는 주제는 복잡하며, 철기시대 유럽의 질 높은 고고학 데이터의 양은 방대하다. 이 짧은 글에서 나의 목표는 내가 철기시대의 정체성 문제에서 핵심 쟁점이라고 믿는 것을 독자들에게 보여주는 것이다. 고고학적으로 유럽은 세계에서 가장 많은 자료가 남아 있고 보존 상태도 양호한 지역이기도 하다. 내가 보여주고자 하는 것에 초점을 맞추기 위해 검토 대상 지역은 프랑스에서 슬로바키아까지, 알프스에서 북유럽 평야에 이르기까지 유럽 대륙의 중앙 지역에 집중할 것이다. 그러나 다른 지역의 관련 자료도 활용해 논의하고자 한다.

다음 장에서 전개할 주요 요점을 문두에 언급하는 것이 이 책의 내용을 이해하는 데에 도움이 될 것이다. 관련 문헌은 서지 사항에 인용돼 있다. 이 책의 범위와 지면상 나의 추론에 대해 매번 자세한 설명을 덧붙여 놓을 수는 없다. 대신 독자들이 스스로 논쟁을 발전시킬 수 있도록 참고문헌을 제시해 놓았다.

정체성은 고정된 것이 아니라 관계의 과정이다. 정체성은 항상 유동적인 상태에 있으며, 다른 사람과의 관계에서만 존재한다. 관계에 따라 변하고 다른 사람의 변화에 조응해 달라지고 그 표현도 바뀐다.

유럽의 철기시대에는 대부분의 연구가 시사하는 것보다 훨씬 더 많은 인구이동이 있었다. 더 많은 사람들이 이동하고 더 많은 물건들이 유통됐다. 철기시대 연구는 '교역', 특히 '지중해산 수입'에 초점이 맞추어져 있지만 이러한 현상은 훨씬 더 광범위하고 복잡한 상호작용의 양상 중 일부일 뿐이다. 철기시대의 정체성은 이러한 이동성의 맥락에서 살펴볼 필요가 있다.

우리는 물질문화를 그것이 만들어진 목적뿐만 아니라 개인과 집단 간의 관계를 물질화 한 것 또는 물질적 표현으로 이해해야 한다. 사물의 '의미'는 사람이 부여한 의미에 따라 변한다. 즉 제작한 당시의 상황에 의해 고정된 것이 아니다.

고고학 유적은 사람들의 상호작용 과정에서 한때 적극적인 역할을 했던 물질문화의 정적인 구성물이다. 고고학 유적에 있는 물질의 물리적 구조와 공간적 배열에 초점을 맞추는 것은 그 유적이 행위자의 행동 중 한 순간의 정적인 표현 과정임을 이해하는 데에 방해가 될 수 있다.

기록문서 즉 문헌은 문화적 산물임을 고려할 필요가 있다. 헤로도토스의 스키타이족에 대한 이야기, 카이사르의 갈리아에 대한 언급은 그들의 인식, 그들이 관찰하고 기록한 역사적 상황, 청중과 의사 소통을 위한 목적 및 기타 문화적으로 결정된 요인에 기초한 특정 작가의 창작물이다.

고고학 유적과 마찬가지로 문헌은 역동적인 관계 속에서 역사적으로 특정한 시대를 정적으로 표현한 것이다. 문헌에 기록된 사람들은 끊임없이 변화했지만 문헌은 그러한 변화를 반영하지 못하는 경우가 많다.

사람들은 타인이 자신을 표현하는 것에 반응한다. 사람들은 일반적으로 외부인이 자신을 어떻게 이해하고 표현하는지 알고 싶어 하며, 자신의 자아 개념도 다른 사람들이 자신을 어떻게 생각하는지에 따라 영향을 받는다.

제1장에서는 정체성에 대한 최근의 이론적 논의, 특히 고고학 증거를 통한 정체성 연구를 검토하여 정체성 문제에 대한 나의 입장을 설명하고, 과거와 현재의 논쟁을 다룰 것이다. 정체성과 관련하여 현재까지 진행 중인 논의에 익숙한 독자는 제1장보다는 제2장부터 읽어보고 싶어질 수도 있겠다.

나는 주로 유럽의 고고학 및 초기 역사를 공부하는 학생들과 이에 관심 있는 일반 독자를 위해 이 책을 썼다. 이 책의 내용은 엄청나게 크고 복잡한 주제를 매우 짧고 선별적으로 시술한 개요임을 강조하고 싶다. 고고학 증거를 종합하고 고고학 자료에 대한 새로운 사고 방식을 제안하고자 하는 나의 노력이 유럽의 고고학 및 역사 전문가들의 관심을 끌 수 있기를 기대한다.

감사의 말씀

많은 사람들이 내 질문에 대한 조언을 해주고, 많은 책과 인쇄물 및 책에 삽입할 귀중한 사진을 보내주는데 도움을 주었다. 이스트 앵글리아 대학교(University of East Anglia)의 리처드 호지스(Richard Hodges)가 이 책의 출판을 위한 프로젝트를 맨 처음 제안했다. 덕워스(Duckworth) 출판사의 데보라 블레이크(Deborah Blake)는 준비 과정 전반에 걸쳐 훌륭한 조언을 해 주었다. 뉴욕 오네온타(Oneonta)에 있는 하트윅 대학(Hartwick College)의 데이비드 앤서니(David Anthony)는 나와 오랫동안 정체성 문제에 대해 논의하고 많은 영감을 주었다. 뉴욕의 조안 아루즈(Joan Aruz), 슈투트가르트(Stuttgart)의 요르그 비엘(Jörg Biel), 프라이부르크의 롤프 덴(Rolf Dehn), 시카고의 마이클 디틀러(Michael Dietler), 미니애폴리스(Minneapolis)의 티모시 더니건(Timothy Dunnigan), 란츠후트(Landshut)의 베른트 엥겔하르트(Berndt Engelhardt), 마르부르크(Marburg)의 오토헤르만 프레이(Otto-Herman Frey), 슈투트가르트의 요헨 하스(Jochen Haas), 코펜하겐(Copenhagen)의 울라 룬드 한센(Ulla Lund Hansen), 비스바덴(Wiesbaden)의 프리츠루돌프 헤르만(Fritz-Rudolf Herrmann), 런던의 J.D. 힐(J.D. Hill), 본(Bonn)의 한스에카르트 요아힘(Hans-Eckart Joachim), 버클리의 로즈마리 조이스(Rosemary Joyce), 미니애폴리스의 그렉 라덴(Greg Laden), 미니애폴리스의 올리버 니콜슨(Oliver Nicholson), 시드니의 다니엘 포츠(Daniel Potts), 뉴욕의 카렌 루빈슨(Karen Rubinson), 인디아나주 먼시(Muncie)의 프레드릭 수프(Frederick Suppe), 미니애폴리스의 앤 월트너(Ann Waltner), 프랑크푸르트(Frankfurt)의 데이비드 위그(David Wigg), 네덜란드 아메르스포르트(Amersfoort)의 빌렘 빌렘스(Willem Willems), 뮌헨의 베르너 자니에(Werner Zanier)가 여러 가지 방식으로 도움을 주었다. 또한 항상 유머러스하게 지원해 준 아내 조안(Joan), 아들 크리스(Chris)와 닉(Nick)에게도 고마운 마음을 전한다.

제1장

철기시대의 고고학과 정체성

정체성 문제는 1970년대 이후 인류학 연구와 1980년대 이후 고고학 연구에서 주요한 주제가 되었다. 이 책의 1장에서는 유럽 철기시대의 정체성을 이해하기 위한 시도 가운데 가장 직접적으로 연결되는 최근의 사조에 대한 주요 양상을 개관하고자 한다. 토론과 서술의 배경으로 제시한 문헌이 독자들을 관련 분야로 안내해 줄 것이다.

다른 세계의 정체성에 접근하기

정체성은 누구의 관점인가?

그리스 작가 헤로도토스는 기원전 5세기 중반에 작성한 책에서 다뉴브강의 발원지가 유럽 민족 중 가장 서쪽에 있는 켈트족의 땅에 존재한다고 기록했다. 또한 이 강이 유럽 대륙을 가로질러서 그가 자세히 묘사했던 유목민 스키타이 지역의 변경까지 흐른다고 언급했다. 헤로도토스 이후 4세기 정도 지나 로마의 율리우스 카이사르도 켈트족에 대한 글을 남겼는데, 그는 로마인들이 갈리아(Gauls)로 알고 있던 주민들이 켈트족과 같은 종족이라고 하였다. 카이사르는 켈트족을 그가 게르만족이라고 부른 종족들과 대비시켜 게르만족은 라인강의 동쪽에, 켈트족은 그 서쪽에서 생활하고 있었다고 서술했다. 게르만족은 여러 면에서 켈트족보다 문화적으로 덜 복잡했으며 로마인과는 훨씬 더 많은 측면에서 달랐던 것으로 묘사했다.

유럽의 철기시대 사람들은 그리스와 로마 저술가들에 의해 독특한 특징과 행위로 묘사됐으며 지리적으로 특정 지역에 위치 지어지고 특정 이름으로 명명된 집단으로 처음 알려졌다. 문헌에 언급된 내용을 토대로 하여 현대의 연구자들은 유럽의 특정 지역에 특정 집단의 위치를 표시한 지도를 제작했다. 이렇게 제작된 지도의 영향은 매우 컸는데, 부여된 명칭은 명확하게 규정된 종족을 가리키고, 지도에 표시된 위치는 이 종족들이 거주했던 지역을 의미하며, 집단의 경계가 뚜렷하고 영구적인 것으로 비치게 만들었다.

한 세대 또는 두 세대동안 그리스·로마 저술가에 의해 유럽의 토착민족으로 묘사된 여러 특징은 일반적으로 다수의 고고학자와 역사학자뿐만 아니라 여기에 흥미를 가진 일반대중에 의해 비판없이 그대로 받아들여졌다. 그러나 인류학, 고고학, 역사학, 그리스·로마 역사 분야에서 이루어진 최근의 연구들은 당시의 상황이 훨씬 더 복잡했음을 보여준다. 즉 그리스·로마 저술가가 기록해 놓은 바바리안인(야만인)들과 그들의 정체성에 대한 서술을 있는 그대로 받아들일 수 없게 됐다. 현전하는 기록문서를 객관적인 사실의 진술로서가 아니라 후대의 여러 상황이 복합된 문화적인 묘사로 접근해야 한다는 것이다. 따라서 기록문서가 철기시대 주민들과 이들을 묘사한 작가들에 대해 우리에게 무엇을 말해줄 수 있는지 이해하여야 하며, 이를 위해서는 비판적이고 객관적인 정보에 입각한 방법을 개발할 필요가 있다. 무문자 토착민들에 대한 기록물을 대상으로 한 학계의 진전된 연구는 그리스·로마 문헌을 다루는데 유용한 방법을 제공해준다.

이 글의 목적은 유럽 북부의 바바리안을 기록한 그리스·로마 문서들의 해석을 비판하고자 하는 것이 아니다. 오히려 유럽의 철기시대 주민들이 자신들의 물질문화를 통해서 우리에게 무엇을 이야기하고 있는가에 초점을 맞추는 것이다. 고전문헌은 철기시대 주민에 대한 정보를 제공해주는 유일한 자료로서 매우 중요하다. 그러나 이 문헌들이 제국주의 및 식민지적 맥락에서 서술되었다는 최근의 연구를 고려해야만 의미있는 정보를 얻어낼 수 있다. 철기시대 유럽인들의 정체성을 알아볼 수 있는 자료를 다음과 같은 세 가지로 구분할 필요가 있다. 이 자료들 간의 관계는 복잡하며 그 차이점도 매우 중요하다.

첫째, 유럽의 철기시대 사람들이 자신의 물질문화를 통해서 자신을 표현한 것이다. 이들은 자신의 정체성을 표현한 문자기록을 남기지는 않았으나 광범위하고 다양한 물질문화를 창조하고 배열하고 양식화하였다. 따라서 물질문화는 사람들이 자신의 정체성을 어떻게 이해하고 표현하고 조정하였는가에 대한 풍부한 정보를 제공해 준다.

둘째, 그리스·로마 저술가들이 현전하는 기록문서를 통해 자신들이 살고 있던 지역의 북부에 거주했던 이웃들에 대하여 제공해주는 정보이다. 이 문헌들은 모두 외부인의 기록이므로 보통 때보다 훨씬 비판적인 시각으로 살펴볼 필요가 있다. 고고학적인 증거들과 연결시켜 검토하면 추가적으로 중요한 정보를 찾을 수 있을 것이다.

셋째, 현대의 연구자가 고고학 자료와 고대 문헌을 토대로 연구하여 제공하는 정보이다. 일반적으로 철기시대 유럽인의 정체성에 대하여 받아들여지고 있는 지식은 선사시대 주민들이 만든 1차적인 물질문화에 대한 이해 없이 현대 학계의 전통을 따라 이어져 온 것이다.

이 장에서 다루고 있는 논의의 대부분은 '이러한 세 가지 자료의 출처를 구분하는 것이 매우 중요하다'는 것을 보여주고자 하는데 목적이 있다.

정체성과 고고학

고고학자와 역사학자는 철기시대 유럽인을 개괄적으로 명명하고 묘사한 그리스·로마 문헌을 마치 현대 서구사회의 저술가에 의해 객관적으로 기술된 것처럼 취급하는 경향이 있다. 이 때문에 사람들은 우리가 현실을 묘사하는 것처럼 그들도 똑같이 묘사했을 것으로 이해하고 그들의 주장을 사실로 받아들인다. 이와 유사하게 유럽의 철기시대 고고학 자료를 대할 때도 마치 이것을 만든 사람들이 우리 자신과 같았을 것으로 생각한다. 즉 우리와 유사한 방식으로 그들도 자신들의 삶을 조직하고 영유하였고, 현대 서구 산업사회처럼 그들도 자신의 사회 환경과 자연 및 초자연적인 현상들을 바라보았을 것이라고 해석한다.

그러나 철기시대 유럽인의 사회적·정신적 세계는 우리가 알고 있거나 우리가 상상하는 것과는 매우 달랐다. 전기, 전화, 자동차, 항생제 등과 같이 현대사회에서 요구되는 필수품의 부재(不在)는 철기시대 유럽인이 그들의 세계와 그것을 바라보는 방식이 우리의 경험과는 매우 달랐음을 분명히 보여주고 있다. 사회조직에서의 광범위한 변화, 종교적 신념과 자연에 대한 이해는 과거 2000년에 걸쳐 우리의 태도, 믿음, 행동방식 등을 바꾸어 놓았다. 과거는 정말이지 우리에게는 외국처럼 낯선 것이다. 따라서 어떠한 선입견 없이 당시의 세계와 그 속에서 살았던 사람들을 현대적 사고(思考)에 영향 받지 않고 검토할 수 있는 방법을 찾아내는 것이 중요하다. 존 배릿(John Barrett), 샬롯 파베크(Charlotte Fabech), J. D. 힐(J. D. Hill) 등의 고고학자는 철기시대 주민이 오늘날 우리에게는 완전히 다른 낯선 방식으로 행동했음을 보여줌으로써 이 방면에 중요한 연구성과를 남겼다.

철기시대 사람이 자신이 살고 있는 세계를 어떻게 바라보았는가에 대한 보다 나은 이해를 위해 우리는 우리 자신이 살고 있는 사회를 이해하는 방식을 아우르는 표준적인 범주들을 초월해 우리의 사고를 확장시킬 필요가 있다. 우리가 철기시대 주민을 연구하고 논의하기 위해 고안해낸 '경제'·'사회'·'성지조직'·'종교' 등과 같은 범주들, 즉 '취락'·'고분'·'제사유적'·'매납유적' 등 다방면에서 발견되는 고고학 증거에 대한 우리의 사고방식은 과거를 다루는 고고학의 일반적인 담론을 개발하는데 유용하였다. 그러나 이것은 우리가 만들어낸 담론에 특정 건축물을 대입시키는 것이기 때문에, 우리가 연구하는 주민의 사고방식과는 분명히 다를 것이다. 발터 폴(Walter Pohl)이 언급한 바와 같이 우리가 과거를 묘사하고 설명하기 위해 사용하는 단어나 용어조차도 문제의 소지가 다분하다. 왜냐하면 이 단어들은 유럽의 철기시대와는 다른 맥락 속에 있기 때문이다. 예를 들면 우리가 도구와 장신구의 차이를 구분하는 방식과 철기시대 사람이 자신의 물질문화를 구분하는 방식이 다를 수 있다. 물론 우리는 우리가 이용할 수 있는 의사소통수단을 이용해야 한다. 그러나 우리의 개념이나 단어가 철기시대 주민의 삶의 본질을 정확히 담아내는 데에 부족하다는 인식을 갖는 것은 고고학 증거에 대한 새로운 해석을 하는데 도움이 된다.

행위의 고고학

직접적이든 간접적이든 유럽의 철기시대 정체성 관련 주제를 다루는 대부분의 연구자들은 오피둠(oppidum)과 같은 취락, 피불라(fibulae)와 같은 브로치나 토기와 동전 등 특정한 형식의 물건, 그리고 수입된 사치품, 고급 소재로 만들어진 귀중품, 매우 정교한 수공예품과 같은 특이한 것에 주목했다. 그 결과 특정한 형식의 물건을 '켈트검', '게르만브로치', '스키타이활촉'으로 부르게 됐다. 이러한 용어는 어떤 독특한 양식의 브로치가 그것을 착용한 집단을 가리킨다거나 혹은 그림이 그려진 아테네술잔(Attic kylix)이 피장자의 신분을 나타낸다고 생각한 현대의 아마추어 조사원들, 즉 연구자가 아닌 이들의 추정에 근거한다.

정체성 관련 문제에 접근할 때 우리의 선입견과 범주화의 영향을 덜 받는 방법 중 하나는 피장자와 함께 묻힌 부장품의 형식이나 부의 범주에 집중하기보다는 우리가 연구 대상으로 삼은 사람들이 실제로 한 일, 즉 행위의 고고학에 초점을 맞추는 것이다. 현대의 연구자는 유럽 철기시대의 주민이 자신의 주거지를 어떻게 배치하였고, 토기를 어떻게 만들고 장식했으며, 어떠한 종류의 장신구를 만들고 착용하였는지, 매장을 위해 부장품을 어떻게 나열하고 배열하였는지, 어떠한 방식으로 철기들을 수혈에 매납하였고, 사각형의 목책을 어떻게 세웠는가에 대해 검토할 필요가 있다. '행위(practice)'라는 용어는 종종 정치적 함의와 연결되지만 이 책에서는 '행위'라는 단어를 어떠한 형태의 정치적 함의없이 '사람들이 어떻게 행동했는가'라는 의미로만 사용하고자 한다.

양육과 교육 및 일상의 모든 생활은 우리가 다른 사람들과 의사 소통할 때 언어표현에 집중하도록 가르친다. 우리는 다른 사람과 말하는 것을 가장 많이 의식한다. 우리가 상호작용하는 사람을 볼 수 없는 원거리에서의 의사 소통을 가능하게 하는 미디어의 사용이 계속 증가하면서 말에 대한 집중력이 더욱 강력해졌다. 철기시대의 경우 개인 간의 의사소통은 대부분 만나서 서로 얼굴을 마주하고 이루어졌으며, 의사소통에 비언어적 요소가 현재보다 훨씬 중요한 역할을 했다. 지금도 사람들이 서로 보면서 소통할 때는 비언어적 행위들, 즉 몸짓, 신체의 움직임, 미소나 찌푸림 등과 같은 것들이 정보 소통에 중요한 역할을 한다. 사람은 한 가지를 말할 수 있지만 비언어적 수단을 통해 그 반대를 나타내기도 한다.

정체성의 표현에서 비언어적 의사 소통은 언어적 소통과는 다른 광범위한 담론의 매개체를 제공한다. 비언어적 수단은 매우 미세하고 풍부한데, 이는 사람들이 소통하기 위해 사용하는 단어의 숫자에 제한되지 않기 때문이다. 다양한 헤어 스타일, 얼굴 분장, 수염, 문신, 귀나 코 등에 하는 피어싱, 의복과 장식의 조합, 선텐을 하거나 하지 않는 것 등과 같은 겉모습은 개인이 정체성을 조성하고 표현할 수 있는 여러 가지 선택 가능한 것을 제공해주는 비언어적 매개체에 속한다. 몇 가지 예를 들면 행위의 범위에서 개인은 무한정할 정도로 다양한 얼굴 표정, 자세, 손과 머리 동작, 손을 흔드는 방식, 걷는 스타일 등을 원하는 대로 취할 수가 있다.

온대 유럽지역, 즉 서유럽의 철기시대 사람들은 대부분 문자를 모르는 미개인이었다. 잭 구디(Jack Goody)는 문맹인 사람은 글자를 사용하는 사람과는 기본적으로 다른 방식으로 생각하고 행동한다는 것을 보여주었다. 문맹사회에서 기억은 전통의 보존에 매우 큰 역할을 담당한다. 글자를 읽고 쓰는 문명사회에서는 이야기의 내용, 제의의 구조와 행위, 주거지나 취락의 배치를 조정하는 규칙 등 여러 활동이 문맹사회보다 좀 더 규격화되어 있다. 비문자 사회에서는 이러한 활동은 대개 기억에 의존하기 때문에 상대적으로 더 다양하다. 이야기는 화자와 환경에 따라 전달되며 사뭇 다르게 개작되기도 한다. 복잡한 제의 행위의 세부사항은 집을 짓고 취락을 배치하는 일들과 마찬가지로 동일한 원인으로 인해 다양하게 나타난다. 이 때문에 문맹사회의 집단은 문명화된 사회의 집단보다 대부분 훨씬 다양한 행위와 관습을 발전시킨다. 물질자료는 제의를 수행하는 사람과 화자, 즉 이야기를 하는 사람이 일련의 행동을 기억할 수 있도록 도와주는 연상기호 장치로서 중요한 역할을 한다.

종족성과 정체성 : 현재에서의 과거와 과거에서의 현재

오늘날 정체성 문제는 전세계적으로 매우 중요한 이슈 중 하나가 됐다. 정체성에 관한 현대의 여러 상황은 특정한 역사적 사건이 정체성 문제를 중요하게 만든 이유를 잘 보여준다. 코소보, 보스니아, 헤르체고비나 등에서는 주민집단 간의 차이점을 인지하고 때로는 정치적으로 조장되기도 한다. 르완다의 후투족(Hutu)과 투치족(Tutsi), 북아일랜드, 스페인, 코르시카, 인도, 파키스탄, 스리랑카 등 많은 나라의 일부 단체들은 종종 야만적인 폭력을 조장한다. 스코틀랜드, 웨일즈, 벨기에, 퀘백, 하와이에서는 폭력성이 덜하지만 실제 못지 않게 집단 정체성에 대한 위화감이 있다. 유럽의 많은 국가들이 경쟁적으로 자원과 정책을 유로화 도입, 국경 개방, 공동 규제 신설 등에 결합시키면서 민족자치와 이민 문제가 정체성에 대한 논쟁으로 번지는 경우가 많다. 정체성 문제는 미국 내의 원주민 사회와 다른 주민들 간의 상호작용, 북미와 남미 전역의 서로 다른 사회 간의 상호작용에서 중요한 역할을 하고 있다. 과거에 존재했던 집단의 정체성 문제를 검토할 때는 우리의 현재적 경험과 태도를 주의해야 한다. 연구자로서의 우리는 우리가 살고 있는 세계에 의해 만들어지며, 우리의 현재적 환경은 과거에 대한 우리의 생각에 영향을 미친다. 이와 마찬가지로 우리가 배운 과거는 현재에 대한 우리의 이해와 사고에 영향을 준다.

정체성이라는 주제는 오늘날 여러 학문 분야와 대중문화 및 정치 분야에서 많이 논쟁되고 있다. 현대적 담론에서 이 주제의 중요성은 책 제목이나 학회지의 논문, 신문 및 잡지 기사, 교육정책에 대한 공개 논쟁에서도 쉽게 드러난다.

현대 유럽의 많은 국가와 유럽에서 다른 지역으로 이주한 집단의 문화적·민족적 정체성은 로마정복 전후 수세기 동안 고전작가들이 인식한 정체성과 매우 밀접하게 연관되어 있다. 이들은 처음으로 유럽의 토착민에게 이름을 부여하고 특징을 기술했다. 베르킨게토릭스(Vercingetorix)와 같은 인물로 의인화된 후기 철기시대의 갈리아인(Gauls)은 프랑스의 민족적 정체성 형성에 중요한 역할을 해왔다. 독일에서는 율리우스 카이사르와 타키투스가 묘사한 고대 게르만인과의 연관성이 16세기부터 19세기까지 민족적 정체성을 형성하는데 중요한 역할을 했으며, 1930년대와 1940년대 초에는 끔찍한 목적을 위해 조작되기까지 했다. 로마에 대항하여 반란을 일으킨 바타비아인(Batavian)의 지도자 클라우디우스 시빌리스(Claudius Civilis)를 그린 렘브란트(Rembrandt)의 그림은 스페인으로부터의 독립을 위한 민족적 투쟁의 시기에 네덜란드의 정체성과 철기시대의 조상들을 연결한 사례를 보여주는 좋은 예이다. 오늘날 유럽의 여러 국가들이 경제적, 정치적, 문화적 통합을 구축하기 위해 노력하고 있는 가운데 먼 과거와 연결된 정체성의 의미에 대한 질문은 특별한 반향을 일으키고 있다.

'켈트족'이라는 개념은 과거의 정체성에 대한 인식이 다양한 용도로 활용되고 있음을 보여주는 좋은 예이다. 켈트족은 최근 몇년 동안 고대 유럽의 강력한 통일세력으로 묘사되어 왔다. 1991년 베네치아에서 열린 큰 규모의 국제전시회 카탈로그의 서문에서 주최측은 이 행사의 목적이 초기 유럽인의 통합을 기념하고 이에 대한 관심을 불러일으키기 위한 것임을 명확히 했다. 그러나 독자들은 켈트족이 정말로 유럽을 통일한 사람들이었는지, 아니면 주최측이 전시를 통해 그들에게 그런 이미지를 부여했는지를 묻게 된다. (흥미롭게도 이 전시는 켈트족과 밀접한 지역인 아일랜드, 웨일스, 프랑스 등에서 열리지 않고 북부 이탈리아에서 개최됐다.) 유럽의 철기시대는 종종 '켈트족'의 철기시대로 불리며 '켈틱크(Celtique)'나 '켈티쉬(Keltish)'라는 형용사는 철기시대를 나타내는데 주로 사용되어 왔다. 또 다른 맥락에서 '켈트족'은 매우 다른 무엇인가를 의미하기도 했다. 율리우스 카이사르 시대에 '켈트족'은 '게르만족'과 대비되어 서유럽과 중부유럽의 알프스 산맥 북부에 사는 주민을 의미했다. 오늘날 켈틱(Celtic)은 아일랜드, 웨일스, 브리타니 등에 거주하는 주민을 의미하는데, 이 지역은 언어학적으로 현대까지 켈트어가 남아 있는 것으로 알려지고 있다. 따라서 '켈틱' 혹은 '켈트'라는 용어는 사용하는 맥락에 따라서 매우 다양한 의미를 나타낼 수 있다.

물질문화, 정체성, 대리인

정체성이라는 주제에 초점을 맞추게 되면 최근의 연구에서 많은 부분을 차지하고 있는 경제적, 사회적 패러다임의 관점에서 쉽게 설명할 수 없는 여러 고고학 증거의 양상을 훨씬 잘 이해할 수 있게 된다. 우리가 연구 대상으로 삼고 있는 과거의 주민들은 정체성을 감정과 행위라는 범주로 생각하지는 않았을 것이다. 우리가 정체성이라고 부르는 것은 그들이 자신의 세계를 보고, 다른 이들과 상호작용하고, 자신의 일상을 살아가는 방식에 내재되어 있었다.

선사시대 고고학에서는 비교적 새로운 이러한 접근법은 지난 수십년 동안 고고학 및 유관 분야에서의 중요한 변화에 기초해 있다. 이것은 세 가지로 요약될 수 있다. 첫째, 우리는 물질문화를 단순히 인류가 자연 및 사회 환경과 상호작용한 수단으로서 식량을 생산하고, 집을 짓고, 옷을 만들고, 이웃과 갈등을 일으킨 결과로만 보지 않는다. 인류가 만들고 사용한 물건들은 서로 다른 개인과 개인, 집단과 집단 사이의 정보를 전달해주는 의사소통의 매개체이기도 하다. 따라서 고고학의 물질적 증거들은 그것이 속했던 사회의 상호작용이라는 측면에서 이해하여야 한다. 둘째, 문화인류학과 역사학에서 이루어진 최근의 연구는 정체성이 고정불변의 것이 아니라 가변적이며, 서로 관계를 맺은 세력에 따라 움직이는 역학적이고 때로는 우연적인 것임을 보여준다. 개인이나 집단은 상황에 따라 자신의 정체성을 바꿀 수 있으며, 실제로 바꾸기도 한다. 셋째, 인류학, 고고학, 역사학과 같은 다양한 분야의 사회과학 연구에서 행위와 변화의 양상을 검토하는 경우 점차 개인의 역할에 초점을 맞추고 있다. 개인은 어떠한 맥락에서건 자신의 행동에 어느 정도의 선택을 한다. 과거의 물질 증거를 다루는 연구를 할 때 개인이라는 측면에서 접근하는 방식은 행위와 표현에서 발견되는 변이를 이해하는데 유용하다.

정체성의 정의와 특징

정체성이란 사람들이 다른 사람들과의 유사점과 차이점에 대해 가지고 있는 끊임없이 변화하는 감정과 지식을 말한다. 관계의 측면은 매우 중요하다. 왜냐하면 '타자'가 없으면 '자신'도 있을 수 없기 때문이다. 모든 인간의 활동은 자신의 정체성을 개인이 어떻게 받아들이고 인식했는가라는 맥락에서 이해해야 한다. 개인이 가족, 지역사회, 민족 (혹은 국가) 등과 같은 모든 집단의 구성원으로서 역할을 하기 위해서는 자신이 그 집단에 어떻게 적응하고, 그 집단이 다른 집단과 어떻게 다른지에 대한 인식이 있어야 한다. 정체성은 상호작용의 맥락에서 개인에게 다른 사람을 어떻게 대해야 하는지에 대한 방법을 제공해준다.

정체성은 모든 수준에서 정의되고 검토될 수 있다. 한 개인은 다른 개인과의 관계, 혹은 가족·이웃·사회모임·지역·민족·국가와의 관계에서 몇 가지 공통 범주를 사용한다. 개인이 자신의 정체성을 인식하는 것을 살펴보면 다른 사람들과의 관계 범위가 크면 클 수록 그 개인의 정체성은 더 복잡하고 다면적이 된다.

20세기를 지나면서 정체성의 본질을 이해하는 데에 많은 변화가 일어났다. 초기에는 정체성이 자연적이고 타고난 것으로 보는 경향이 우세했다. 즉, 개인은 특정 정체성을 갖고 태어나서 평생 동안 그 정체성을 유지한다는 것이다. 그러나 지난 수십 년간의 연구는 정체성이 좀 더 복잡하다는 점을 강조하고 있다. 정체성은 부분적으로 양육이나 교육으로부터 파생되며 동시에 가변적이고 역동적이다. 즉, 대체로 상황에 따라 변할 수 있는 개인의 창조물이다.

존스(Jones 1997 : 84)는 종족집단(ethnic group)을 '문화적으로 귀속되는' 정체성을 가진 집단으로 정의했다. 이들은 일반적으로 문화, 언어, 종교, 역사, 신체적 특징 등의 개관화를 통해 실재하거나 혹은 가정된 문화를 공유하거나 공통 조상의 표현을 기반으로 한다고 보았다. 그레이엄(Grahame 1998 : 158)은 '종족은 외부 관찰자가 정의한 자의적인 것이 아니라 개인이 특정 집단에 대해 가지고 있는 자의식적인 인지'라고 주장했다. 종족적 (혹은 민족적) 정체성이 어떻게 만들어지고 표현되는지에 대한 많은 논의가 있었다. 근본주의자와 본질주의자의 관점 중 하나는 종족의 정체성을 실재 혹은 상상의 공통 조상이나 공통의 전통 및 공통의 경험에서 나온 산물로서 사람들이 공유하는 감정임을 강조한다. 그러나 도구주의자나 사회구조주의자들은 종족을 일종의 정치적·경제적·사회적 이득을 위한 수단으로 본다. 이러한 관점을 서로 반대되는 것으로 받아들일 필요는 없다. 동일한 과정에 대한 많은 양상이나 또는 정체성에 대하여 관찰자들이 서로 다른 방식으로 생각한 것으로 이해할 수 있을 것이다. 데이비드 앤서니(David Anthony)는 정체성에 대한 도구주의적 관점이 주로 새로운 환경에 적응하는 이주민 집단에 대한 연구에 기초하여 발전해 왔다는 점을 설득력 있게 주장했다. 벤틀리(Bentley)가 제시한 바와 같이 우리는 개인과 집단이 관여하고 있는 사회화 과정의 관점에서 종족의 정체성이 만들어지고 변형된다는 것을 고려할 필요가 있다.

존스는 최근 발표한 논문에서 아비투스(habitus)라는 부르디외(Bourdieu)의 개념을 이용해 정체성 문제에 매우 유용한 접근을 진전시켰다. 개인 혹은 집단 간의 아비투스 - 기본적 가설, 신념, 관행 - 와 문화적 환경과 상호작용하는 더 큰 규모의 사회적·정치적 맥락 사이의 상호작용 과정을 통해 정체성이 형성되는 것으로 이해할 수 있다. 따라서 양육, 교육, 종교, 가족 전통, 일상의 관행을 포함하는 내부 요인과 이웃 마을과의 상호작용, 원거리 집단과의 무역관계, 확장되는 국가의 영향력과 같은 외부 요인 모두가 정체성과 관련하여 고려해야 할 대상이다. 이러한 접근은 일반적으로 종족 (혹은 민족)의 정체성이라고 불리는 복잡한 현상이 만들어지는 데에 관여한 다양한 요인들을 인정하게 한다.

정체성의 표현

행위와 정체성

인간은 광범위하고 다양한 매체와 행위를 통해 개인으로서, 또는 가족·단체·지역사회·국가·민족의 구성원으로서 자신의 정체성을 표현한다. 때로는 우리가 깃발을 흔들 때처럼 의도적이고 의식적으로 표현되지만 그렇지 않을 때도 있다. 개인이 자신의 정체성을 표현할 때 의도적이었는지의 여부를 결정하는 것은 쉬운 일은 아니다. 언어, 억양, 개인의 외모, 옷차림, 음악, 음식, 음식을 준비하는 행위와 소비 행위, 춤이나 연회, 종교적 의식과 같은 의례, 가옥의 구조, 내부공간의 배치와 장식 스타일에 정체성이 표현될 수 있다. 언어, 음악, 춤, 문신 등과 같은 많은 범주들은 언어학자와 문화인류학자 및 현존하는 부족 관련 분야의 연구자에게는 유용한 분석 대상이 되지만, 일반적으로 고고학자에게는 복원되지 못하는 것들이다. 선사시대 즉, 철기시대에 활동한 주민의 정체성을 살펴보기 위해서는 오랜 시간이 지나도 없어지지 않고 남아 있는 물질문화를 통한 표현에 주목할 필요가 있다. 그러나 폴(Pohl)과 다른 연구자들이 언급한 바와 같이 이러한 표현과 정체성의 관계는 매우 복잡하고 대단히 다양하다.

물질적 표현

최근의 연구는 인류가 만들고 사용하는 물건이 어떻게 사회적 행위의 매개체로 이해될 수 있는지, 그리고 사람 사이의 관계를 형성하는데 어떠한 기능을 하게 되는지 보여주고 있다. 특정한 종류의 물질문화와 특정한 정체성 사이에 반복적이고 일관된 상관관계가 있다고 볼 수는 없다. 예를 들면 '켈트족 피불라 브로치' 장식이라거나 혹은 '게르만족 허리띠고리'와 같은 표현은 부적절하다. 맥락이 매우 중요하다. 같은 물건이라도 상황에 따라 다른 의미를 가질 수 있고, 서로 다른 물건이 유사한 의미를 가질 수도 있다.

특정한 종류의 의복과 보석류를 포함한 개인용 장식은 정체성을 표현하는 하나의 매개체이다. 금속·유리·호박 장신구는 유럽의 철기시대에 매우 많이 제작되는데, 형식과 스타일면에서 매우 다양하다. 따라서 이 장식들은 물질문화의 다양성에 대한 풍부한 정보원이 된다. 일반적으로 무덤의 부장품은 피불라 브로치, 벨트 부속품, 드리개, 반지와 같은 청동제 및 철제 보석의 형태로 남아 있어 의복과 장신구를 살필 수 있는 좋은 자료가 된다. 매장이라는 맥락에서 우리는 개인 장식의 특정 유물군을 특정 개인과 연결시킬 수 있다.

디틀러(Dietler)와 허비치(Herbich)가 토기 연구에서 보여주었듯이 일상생활에 사용된 물건의 형식 및 장식 등과 같은 특징은 또 다른 중요한 지표가 될 수 있다. 영국과 네덜란드에서 조사를 진행한 연구자들은 철기시대 주거지의 형태·방향·배치가 어떻게 그곳에 살았던 사람들의 가치체계와 전통을 반영하는 정체성의 확실한 지표가 되는지 보여주었다. 이 점은 로마가 이 지역을 정복한 후에도 네덜란드에서 철기시대 주거지 형태가 지역 정체성의 표현으로서 그대로 존속되고 있었다는 점에서 뒷받침 되고 있다.

최근의 연구 중 일부는 일상적인 행위와 의례적 관행이 정체성을 표현하는 가장 유효한 분야임을 주장하기도 했다. 양육과 교육의 결과 한 사회의 구성원들은 하나의 똑같은 방식으로 일을 하고, 다른 사회의 구성원들은 다른 방식으로 일을 한다. 사람들이 음식을 준비하고 소비하는 방식, 집에 가구를 배치하거나 그날 그날 입는 의상의 조합, 이 모든 것들이 사용자가 누구인지를 말해준다. 일상의 활동에서 나오는 물질적 잔재들은 정체성에 대한 유용한 정보를 제공해준다.

매장을 포함한 종교 의식, 정치적 연회, 계절 축제 등과 같은 의례는 그 사회에서 가장 중요한 의미와 전통이 표현되는 행위이다. 많은 의례 활동은 중요한 물질적 측면을 갖고 있다. 왜냐하면 사회의 본질적인 의미와 관계가 의례를 통해 고고학적 분석이 가능한 대상, 즉 사물로 구체화되기 때문이다. 의례행위의 과정에서 사물이 사회적 관계와 가치를 나타내는 물질화가 되는 것이다. 특히 장례 의식은 중요한 물질적 잔재를 남기기 때문에 철기시대의 정체성을 살펴보는 데에 매우 중요하다. 제의 혹은 의례 행위 자체는 고고학자의 눈에 보이지 않지만 무덤은 의례의 중요한 일부이며 의례에 관한 유익한 정보원이 될 수 있다. 주검을 처리한 방식, 매장의 구조적 특징, 부장품, 많은 귀중품의 선택과 부장 위치는 정체성에 대해 많은 것을 시사한다. 고고학자가 마주하게 되는 무덤은 특정한 사회적 요인으로 인해 수행된 일련의 물질적으로 표현된 행위의 결과물로 이해할 필요가 있다.

철기시대 유럽의 경우 대부분의 장례의례에 대한 정보는 매장을 통해서만 얻을 수 있다. 그러나 초기 민족지 기록은 무덤을 만들고 꾸미는 것이 단지 장례 관행의 일부분일 뿐이라는 것을 분명히 보여주고 있다. 스키타이 귀족의 장례 의식에 대한 헤로도토스의 묘사는 좋은 사례 중 하나이며, 우크라이나 남부에서 이루어진 무덤 발굴은 장례 의식에 대한 물질적 표현 양상을 잘 보여준다. 의례는 지역사회의 많은 참가자, 즉 많은 관찰자들이 참여하는 공개적인 행사였다는 점에 주목할 필요가 있다. 매장 과정은 참가자들의 기억 속에 남아 공동체와 사회 및 그 안에 살고 있는 자신들의 위치에 대한 생각을 구성하는 데에 활용되는 일련의 사회적 기술로 이해될 수 있다. 프랑스의 빅스(Vix) 유적, 독일의 글라우베르크(Glauberg) 유적, 러시아의 필리포브카(Filippovka) 유적과 같은 철기시대의 무덤에 대한 최근의 발굴조사는 매장의례에 대한 우리의 생각을 무덤 자체에서 전체 묘지 경관이라는 보다 폭넓은 영역으로 확장시켜주는 귀중한 자료를 제공해주고 있다.

타자에 대한 정체화

이 책은 유럽의 철기시대 사람들이 자신들의 정체성을 구축하고 표현한 방식에 초점을 맞추고 있다. 그러나 철기시대 유럽인에 대한 주요 정보의 출처는 외부인의 관찰을 통해 작성된 문헌이기 때문에 우리는 외부인이 '자신들이 조우한 사람들의 정체성을 어떻게 인식하고 표현하였는지'에 대한 문제를 먼저 살펴야 한다. 외부인에 의해 기록된 문헌을 대상으로 이루어진 최근 수십 년간의 많은 연구는 이 문제에 접근하는 데에 도움이 된다.

외부인이 남긴 기록문서는 저자가 만든 범주 안에서 다른 사람, 즉 타자를 묘사한 것이다. 저자들은 대부분 자신이 조우했던 사람들을 자신이 만들어낸 이름으로 부르며, 그 사람들이 실제로 인식한 것과는 다른 방식으로 집단과 경계를 구분한다. 에드워드 사이드(Edward Said)의 오리엔탈리즘(1978)은 근동 사람에 대한 유럽인의 생각과 표현이, 현지인들이 스스로를 인식하는 방식과 어떻게 다른지를 보여줌으로써 이 주제와 관련한 연구에 큰 영향을 미쳤다. 외부인에 대한 이후의 많은 분석들, 즉 다른 많은 종족에 대한 표현은 철기시대 유럽인과 관련된 그리스 및 라틴 문헌에의 접근 방식을 개발하는데 풍부한 자료를 제공해준다.

외부 관찰자는 구술적인 설명뿐만 아니라 그림, 조각, 로마 동전 같은 부조를 포함한 여러 매체의 회화적 표현을 통해서도 사람들을 묘사했다. 이러한 매체는 문장의 이해력이 제한된 사회에서는 문헌보다 더 광범위하게 접근될 수 있기 때문에 사회구성원에 대한 기록문서보다 훨씬 많은 영향력을 발휘한다. 철기시대 유럽의 경우 그리스·로마 조각과 동전은 지중해 사회가 그들의 북쪽에 거주한 주민들을 표현한 시각 매체였다. 따라서 이러한 매체를 다룰 때에는 문헌을 다룰 때와 똑같이 비판적인 접근이 필요하다.

정체성의 역동성

변화와 정체성

개인의 정체성은 양육의 결과와 삶의 경험 사이의 상호작용이라는 측면에서 이해할 수 있는 역동적인 속성을 갖는다. 마찬가지로 가족·지역사회·민족의 정체성도 과거 전통과 현재의 상호작용 사이의 역동적인 속성을 갖고 있다. 정체성에 대한 이러한 생각은 현대 사회에서 관찰되는 규칙성과 이론 연구로부터 도출됐다. 정체성 문제는 변화가 특별히 심한 격동의 시기에 사람들의 삶과 의식 속에 훨씬 많이 관여하게 된다.

존스는 코마로프(Comaroff and Comaroff)와의 현장조사를 기반으로 하여 이러한 과정에 대한 좋은 사례를 보여주었다. 츠와나(Tswana)족으로 알려진 남아프리카 토착민은 유럽 선교사들과의 상호작용 과정에서 처음으로 자신들이 '다른 민족'이라는 매우 분명하고 명확한 인식을 갖게 됐다. 유럽인이 도착하기 전까지만 해도 토착 사회는 자신들을 '다른 민족'으로 자각할 이유가 없었다. 자신들을 둘러싼 상황의 변화, 즉 전통, 관습, 언어, 물질문화가 분명히 다른 타인들의 등장 같은 변화가 있은 후에야 자신들이 본 유럽인의 특징과 반대되는 사람으로서, 즉 종족으로서의 정체성을 만들어내는 동기를 갖게 됐다. 정체성은 오랫동안 생활 방식의 일부분이었던 관습, 전통, 물질적 객체들에 기반하여 만들어졌지만, 이것들이 정체성을 나타내는 표지적 역할을 맡으면서 강력하고 새로운 의미를 부여받게 되는 것이다.

어떻게 물질문화가 정체성을 구성하는가

사람과 물질문화의 관계는 상호 호응한다. 사람은 부분적으로 자신에 대한 특정 정보를 전달하기 위해 물건을 만들고, 장식하고, 구매하거나 착용한다. 동시에 물건을 만들고, 장식하고, 구입하고, 취득하고, 입는 과정이 정체성을 형성 하는 데에도 영향을 미친다. 사람은 물질문화를 이용할 뿐만 아니라 물질문화와 상호작용도 한다. 사람과 물건 사이의 관계에 대한 이러한 측면은 고대와 현대, 재지산 일상 용품과 외래의 수입품 모두를 포함한 다양한 맥락에서 탐구됐다. 물건을 만들고, 구입하고, 사용하는 일상의 행위 속에서 사람들은 자신의 정체성을 만들고, 또 그 과정에서 물건들이 중요한 역할을 하게 된다. 물건을 사용하는 방식에 따라 사용자, 물건의 의미, 사람과 물건 사이의 관계 등 모든 것이 변한다. 토마스(Thomas)와 올러브(Orlove)의 연구가 보여주듯이 사람들이 일상 생활이나 의례 행위에 외래품을 결합시키면 그 외래품은 그들의 정체성을 구성하는 데에 특별한 역할을 하게 된다. 물질세계와 상호작용의 과정에서 사람들은 자신의 정체성을 끊임없이 재조정하고 재구성한다.

외부인의 문헌기록과 정체성의 역동성

철기시대 유럽인에 대한 그리스·로마의 기록문서와 같이 복합문명사회의 구성원이 소규모 사회나 비문자 사회의 주민들에 대하여 서술하고 이름을 부여해 놓은 문헌은 시·공간적으로 광범위하게 발견된다. 그리스·로마 저술가들의 기록문서와 마찬가지로 고대 근동의 설형문자로 작성된 문서들은 메소포타미아라는 문명사회가 이웃 주민들을 묘사해 놓은 것이나. 이와 매우 유사한 현상이 중국이나 메조아메리카와 같은 다른 초기 문명사회에서도 뚜렷하게 나타난다. 이와 같은 초기의 문서와 훨씬 풍부하게 남은 후대의 문헌들, 특히 16세기~19세기까지 원주민과의 상호작용을 표현한 유럽인의 기록을 보면 복합국가 사회의 구성원이 소규모 사회를 바라 보는 방식에 매우 중요한 유사점이 있음을 발견할 수 있다.

다음 장에서 소개되는 여러 연구를 통해 다음 몇 가지 중요한 점을 알 수 있다. 외부인이 토착민을 표현할 때, 외부인이 서술에 사용하는 범주는 바로 그 외부인에 의해 만들어진다는 것이다. 일반적으로 외부 관찰자는 '자신이 묘사하는 사람들이 사용하는 범주'를 재현하지 않는 경향이 있다. 그러나 원주민에 대한 설명은 대체로 외부인의 세계관에 기반을 둔 생각에서 나온 것이라 하더라도 어느 정도는 조사대상 집단의 현실에 기초해 있기도 하다. 일반적으로 외부인은 자신이 관찰하는 사람들 사이에서 일어나는 변화의 본질을 이해하지 못한다. 에릭 울프(Eric Wolf 1982)가 언급한 바와 같이 제국의 저술가가 보았을 때 토착민들은 '역사가 없는' 사람들이었다. 그들은 정적이었고 정체되어 있었다. 남아메리카 동북부 원주민에 대한 월터 롤리(Walter Raleigh)의 기록을 고고학 및 민족지학적으로 분석한 닐 화이트헤드(Neil Whitehead)의 연구는 좋은 예이다. 월터 롤리의 예와 철기시대 유럽인에 대한 대부분의 고전 문헌을 보면 제국의 저술가들은 자신들이 관찰하고 기술하기 전에 발생한 접촉의 영향을 인식하지 못한 듯하다. 관찰자들이 문헌을 작성했을 때는 이미 그 사회는 제국과 상호작용의 결과로 부분적으로 변화한 뒤였다.

아메리카를 대상으로 한 문화인류학자들의 연구는 토착민과 외부인, 특히 스페인 사람과 영국 사람 사이의 상호작용에서 이와 같은 현상이 일어났음을 잘 보여준다. 조나단 힐(Jonathan Hill)은 스페인 정복에 대한 대응으로 어떻게 아루아카스(Aruacas)족으로부터 카리브족이 만들어지게 되었는지 설명하였다. 알버스(Albers)와 히커슨(Hickerson)은 19세기 후반 유럽인과의 상호작용으로 시작된 변화의 결과로 북미 대평원에서 새로운 정체성을 가진 새로운 민족이 어떻게 형성되었는지 보여주었다. 정체성의 형성 및 조정은 대부분 외부 복합사회와의 상호작용과 관련된 현상인 이주에 의해 동반됐다. 이와 같은 사례들은 카이사르의 갈리아 원정 이전 유럽의 철기시대 자료를 조사할 때 주의해야 하는 여러 메커니즘을 잘 보여준다. 특히 카이사르의 설명에서 그가 기원전 100년 이전의 고고학적 상황을 고려하지 않게 된 원인을 이해할 수 있게 된다.

부족지대

퍼거슨(Ferguson), 화이트헤드(Whitehead), 힐(Hill)은 토착민과 새로 유입된 복합사회의 상호작용에 대한 연구에서 '부족지대(Tribal Zone)'라는 개념을 제시했다. 이 개념은 복합사회가 덜 복합화된 사회와 정기적으로 접촉하는 상호작용의 범위를 의미한다. 세계 여러 지역에 대한 광범위한 비교연구를 기반으로 한 이들의 주장은 우리가 '부족'으로 알고 있는 집단, 즉 분명히 구분되는 영토와 특정 지도자가 있는, 수 천명의 인구로 구성된 정치체들이 대체로 국가단계의 사회와 토착사회 간 상호작용의 과정에서 만들어졌다는 것이다. 비국가 단계의 토착사회는 일반적으로 영역 및 정치적 경계가 가변적이며 정치적 위계가 약하고 집단으로서의 정체성이 그다지 형식화되어 있지 않다. 일반적으로 씨족 혼인, 집단 간 이동, 경직된 리더십 구조보다는 가변적인 리더십 구조 등은 복합사회로 발전하기 이전 사회를 특징짓는 것들이다. 그런데 복합사회와의 접촉은 일련의 변화를 일으켜 '부족화'를 야기한다. 즉 영토, 집단 정체성, '왕'이나 '족장'과 같은 단일 지도자 중심의 정치구조를 갖춘 좀 더 의식적으로 정의된 부족화가 이루어진다. 이와 같은 모델은 지중해 사회와 접촉한 철기시대 유럽인에게 나타난 정체성의 변화 양상을 이해하는 데에 도움이 된다.

이동성, 상호작용, 정체성

지리적으로 부족의 권역을 넘어서는 역사적 및 민족사적 설명들은 복합사회가 작은 규모의 토착사회에 미치는 원거리 효과를 보여주고 있다. 유럽의 철기시대와 같이 원거리 효과를 묘사한 기록문서가 없는 경우에는 수입품, 개조된 스타일이나 모티브, 차용된 관습 등이 변화상을 살필 수 있는 대상이 될 수 있다. 과거에는 위세품 경제·중심과 주변의 상호작용·관습의 차용 등과 같은 메커니즘의 탐색, 무역시스템 검토, 편년 수립 등을 위해 지중해산 수입품을 연구했다. 그러나 최근의 연구는 수입한 주체가 자신의 정체성을 구성하기 위해 수입품을 사용한 방식의 측면에서 설명하고자 한다. 로저스(Rogers), 토마스(Thomas), 올러브(Orlove)는 수입품이 민족지학적 맥락에서 이와 같은 기능을 한 방식에 대해 기록했으며, 한센(Hansen)은 이러한 접근이 로마의 철기시대 덴마크에서 정치변동을 이해하는 데에 어떻게 도움이 되는지를 보여주었다. 토마스가 강조한 바와 같이, 수입품의 기능과 의미가 그것을 만든 사회와 같은 목적에서 나온 것인가는 명확하지 않다. 오히려 수요자와 소비자가 자신의 의미를 창출하기 위해서 수입품을 어떻게 사용했는지를 검토할 필요가 있다. 이러한 의미는 대개 사회가 관여한 상호작용에 연관되어 있는 새로운 정체성의 수립과 매우 밀접하게 연결되어 있다.

*

유럽의 철기시대와 같이 복잡한 맥락에서 고고학 및 역사학 자료를 주제별로 보여준다는 것은 매우 포괄적일 수밖에 없다. 따라서 여기에서는 간단한 개요만 제시하고자 한다. 제2장에서는 기원전 800년에서 기원전 450년까지 초기 철기시대의 자료와 이것의 전후 맥락을 검토할 것이다. 제3장에서는 철기시대 후기의 이른 단계, 즉 기원전 475년부터 기원전 200년에 해당하는 자료를 살펴볼 것이다. 제4장에서는 기원전 200년까지의 철기시대 관련 기록들을 면밀하게 조사해볼 것이다. 제5장에서는 철기시대 후기인 기원전 200년에서 로마 정복까지에 초점을 맞추어 살펴볼 것이다. 제6장에서는 상호작용이 집중적으로 일어났던 시기에 작성된 그리스·로마 문서를 검토할 것이다. 제7장에서는 철기시대 유럽인에 대한 그리스·로마의 기록이 정체성에 대한 현대 유럽인의 생각에 어떻게 영향을 미쳤는가라는 다소 복잡한 문제를 살펴볼 것이다.

제2장

유럽 초기 철기시대에 나타나는 정체성의 변화

　초기 철기시대에는 사람들이 개인, 지역사회, 지역 간의 차이에 관한 정보를 전달하는 물질문화의 사용 방식에서 중요한 변화가 나타났다. 사람들은 이전보다 더 구체적으로 자신의 신분과 지위를 표현했으며 높은 지위를 장거리 교역과 밀접하게 연결시켰다. 이러한 변화들은 유럽에서, 그리고 유라시아 전역 및 지중해 지역 전반에 걸쳐 나타난 '인구의 광범위해진 이동성과 집약적인 상품의 유통'이라는 맥락에서 가장 효과적으로 살펴볼 수 있다. 초기 철기시대 무덤에서 보이는 부장 양상과 조각상의 증가는 사회 및 자연 환경에 대한 인류의 새로운 개념을 보여주고 있다.(지도 1)

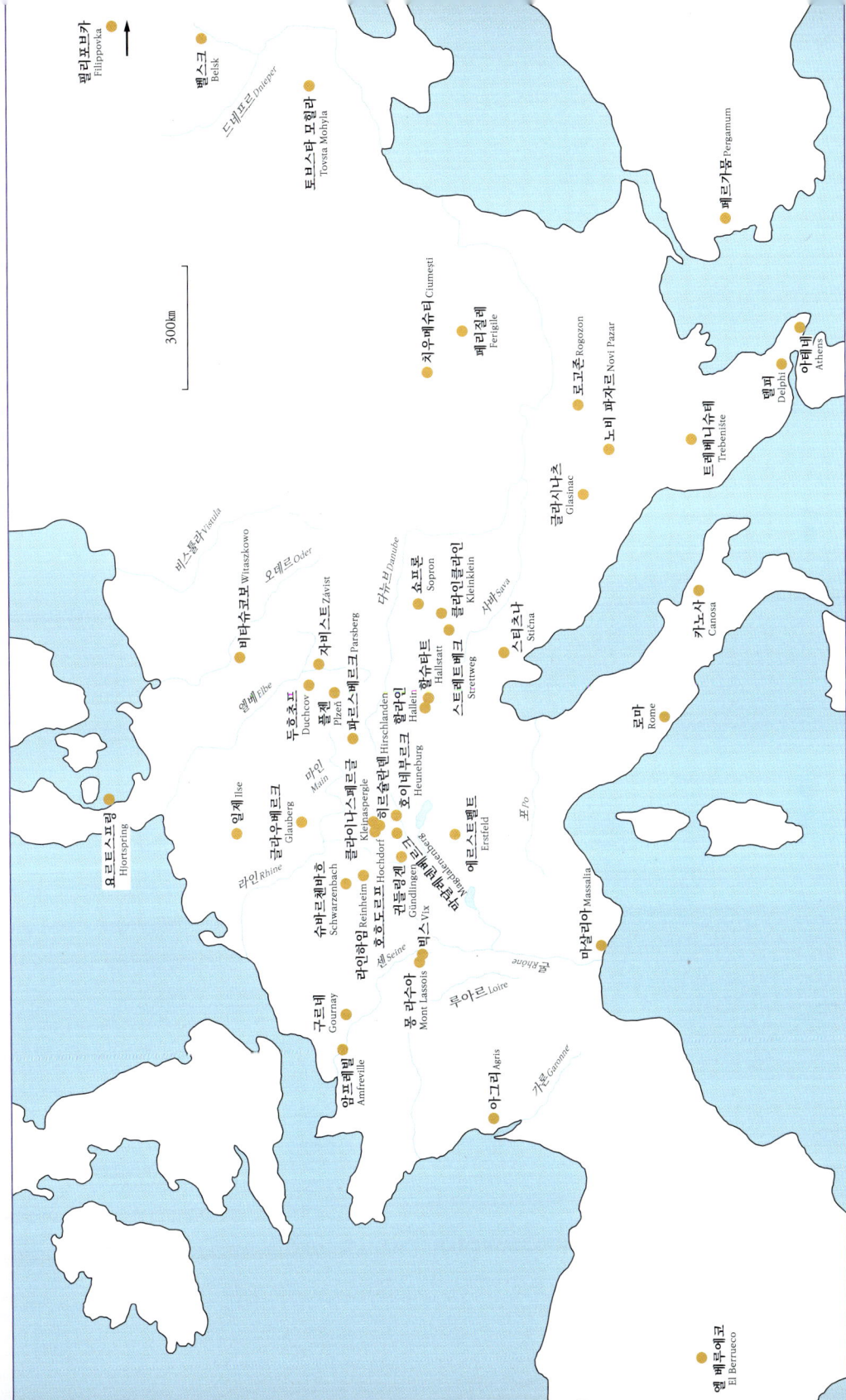

지도 1. 초기 철기시대 주요 유적의 위치

철기시대의 개념과 특징

철기시대라는 용어는 19세기 연구자들이 유럽의 선사시대 유적에서 나온 유물을 체계적으로 정리하기 위한 수단으로 만든 개념이다. 철이 처음 등장해서 보편적으로 사용되는 시기와 로마정복기 사이의 기간으로 정의된다. 온대 중부 유럽의 경우 철기시대는 기원전 800년경에 시작됐고 영국과 스칸디나비아 등에서는 기원전 600년경에, 그 외 일부 지역에서는 이보다 조금 늦은 시기에 시작됐다. 철기시대에는 청동기시대와 구분 짓는 철기 제작기술의 발달 외에도 다른 변화들이 나타났다. 유럽의 많은 지역에서 더 큰 규모의 사회가 발전했으며, 제조 및 무역의 중심지, 기념비적인 장례시설로 화려하게 갖추어진 무덤이 조성됐다. 온대 유럽의 주민에 관해 처음으로 언급한 그리스 기록은 기원전 6~5세기에 작성됐다.

19세기에 체계적인 고고학 조사가 시작된 이후 철기시대에 대한 접근은 매우 규범화됐다. 조사자들은 형식과 편년을 수립하고, '고고학 문화'를 정의하고, 다양한 시간과 장소의 교역 및 취락 체계에 대한 자료를 종합하고, 특정 집단의 전형적인 스타일과 관행의 설정을 목표로 삼았다. 1960년대 이후 고고학 자료의 양과 질이 크게 증가하고, 이에 대한 새로운 관점들이 제시되면서 연구자들은 철기시대 유럽의 사회조직, 인류의 행위, 문화적 표현 등에 나타나는 엄청난 다양성에 집중하게 됐다.

물질적 표현에서의 새로운 양식

온대 유럽 사회에서 내부적으로 시작된 변화와 유라시아의 다른 곳에서 일어난 변화 사이의 상호작용은 사람들로 하여금 자신이 누구이며 다른 개인 및 집단과 어떤 관계를 맺고 있는지에 대해 생각하게 하는 환경을 조성했다. 변화는 개인, 집단, 지역 내 주민들의 정체성에서, 그리고 높은 지위에 있

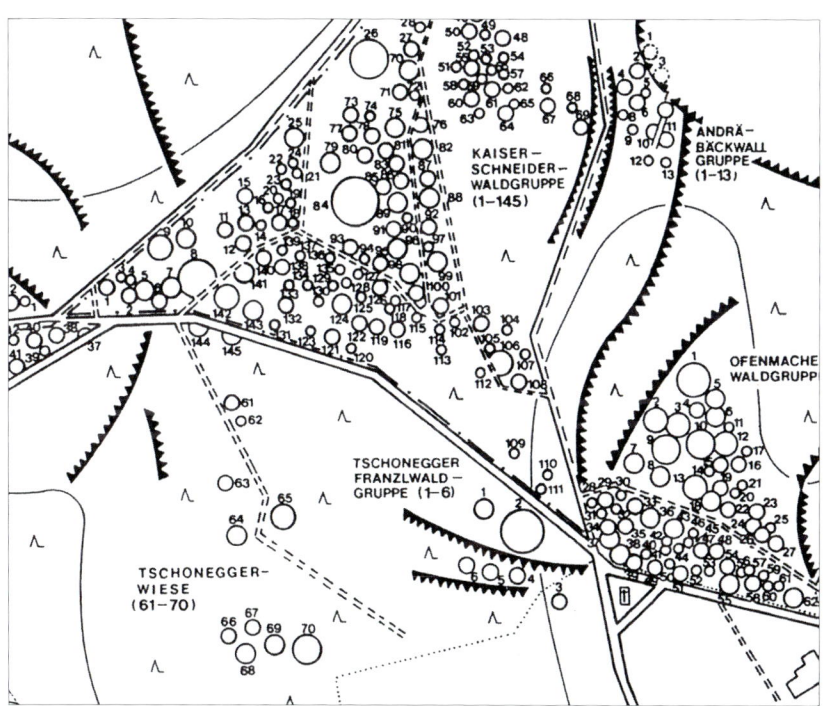

그림 1. 초기 철기시대 묘역 일부

오스트리아 동남부 클라인클라인에 있는 묘역 일부로, 개별 무덤의 분포 상황을 보여주고 있다(축척 부동). 원은 개별 무덤을 나타내며 숫자는 유구 번호이다. ▲▲▲는 숲이나 언덕과 같은 지형을 나타낸다. 도면의 독일어 문구는 조사 묘역 구간의 명칭이다.

는 사람들 사이에서 뚜렷하게 나타났다.

여러 가지 증거들은 개인의 정체성에 대한 개념과 표현에서 어떤 모종의 변화가 있었음을 나타내고 있다. 대륙 중앙 지역의 경우 초기 철기시대에 많은 사람들은 이전의 평평한 무덤 즉 평토장(平土葬 ; flat grave) 대신 거대한 봉분이 있는 고분을 조성했다. 매장부 위 거대한 봉토의 조성은 개인과 개인의 가족 및 친족집단의 이목을 끌었으며 피장자와 그가 속한 사회와의 관계

그림 2. 독일 히르슐란덴 무덤과 석조상 복원도
발견 위치를 토대로 하여 봉분 맨 위에 석조상이 세워졌다.[1]

---

1) 역자 주 : 히르슐란덴(Hirschlanden) 고분은 독일 중서부에 있는 작은 마을인 히르슐란덴에서 발견된 기원전 6세기 무덤유적이다. 거대한 봉분과 봉분 정상에 세워진 석제 인물상이 발견됐다.

를 전달하는 메시지 역할을 했다. 봉분의 다양한 구조와 크기 및 형식은 개인과 그들이 속한 집단에 대한 정보를 전달하는 복합적인 매개체가 됐다.(그림 1) 초기 철기시대 이른 단계의 무덤은 대부분 단일 매장이었다. 이보다 늦은 시기에는 좀 더 커진 봉토가 여러 매장부를 갖추게 된 사례가 나타났다. 일반적으로 중심이 되는 무덤은 여러 특징들에 의해 다른 무덤들과 구분되는데, 이것은 신분의 변화라는 측면에서 이해할 수 있다.(아래 참조) 일부 사례의 경우 기념비로서의 봉토와 피장된 특정 개인의 연결은 봉토 위에 비석을 세움으로써 더욱 강조됐다.(그림 2)

이와 같은 개인의 특성에 대한 새로운 강조 행위는 남성 혹은 여성과 함께 부장된 넓은 청동제 벨트판과 같이 개인이 착용하는 장신구에서도 뚜렷하게 나타났다. 벨트판은 대개 길이 40㎝, 너비 15㎝ 정도 되는 것으로 가죽이나 직물로 된 벨트에 부착하여 허리 앞쪽에 착용했다. 벨트판은 앞에서 접근하는 사람이 가장 쉽게 볼 수 있는 곳에 있어서 어떤 정보를 전달하는데 이상적이었다. 청동기시대 후기 벨트판은 일반적으로 단순하게 반복되는 문양을 새긴 장식이 특징이다. 초기 철기시대에는 장식이 훨씬 더 정교해졌다. 벨트판의 경우 간단한 문양이 반복되는 양식 대신 몇 개로 나뉘어진 구획에 복잡한 문양을 채우고 인접한 구간에는 서로 대조적인 모티브를 배치했다. 또한 초기 철기시대 벨트판은 일반적으로 새김무늬보다는 겉으로 도드라지게 하는 양각기법으로 제작되는데, 이는 노동이 훨씬 많이 드는 전문화된 공예 기술에 해당한다. 이러한 장식품이 착용자에 대한 어떤 정보를 전달했음을 고려하면 초기 철기시대의 좀 더 복잡해진 문양은 개인을 다른 사람들과 구별하는 행위가 이전에 비해 훨씬 중요해졌음을 의미한다. 이와 유사한 변화는 다른 사람들의 눈에 쉽게 띄는 위치, 즉 가슴이나 어깨에 착용하는 피불라 브로치에서도 관찰된다.

초기 철기시대에는 물질문화를 통해 자신의 정체성을 표현하고자 한 경향이 강했다. 환호나 목책을 둘러서 주변 지역과 자신들의 취락을 구분하고자 한 관행이 많은 지역에서 보편화 됐다. 일반적으로 인접한 지역은 토기 형태, 개인 장신구의 유형, 의복 양식, 매장 관행 등을 공유하고 있었으나 면밀한 조사를 통해 각 집단은 자신의 고유성을 표현하고 있었음이 밝혀졌다. 예를 들면 최근의 일부 연구는 독일 남서부 다팅겐(Dattingen)에 있는 초기 철기시대 무덤군과 거대한 규모의 막달레넨베르크(Magdalenenberg) 봉토분의 무덤군을 비교했다. 막달레넨베르크 집단은 남성을 매장할 때 청동벨트판이 있는 허리띠 및 피불라 브로치라는 두 가지 범주의 개인 장신구와 무기를 함께 묻는 것이 일반적인 관행이었다. 다팅겐의 경우는 남성의 무덤에 무기, 벨트판, 피불라 브로치를 부장하지 않았다. 이와 같이 공통의 물질문화를 공유하는 이웃 집단이라도 장례의례의 경우 분명히 다른 관행을 선택하기도 했다.

초기 철기시대에 지역 단위로 인식 가능한 집단이 형성된 것은 대규모의 변화가 일어나고 있음을 나타내는 중요한 지표이다. 후기 청동기시대 대륙의 중심부에 있던 주민들은 고고학자들이 북알프스전통(North Alpine Tradition)이라고 부르는 물질문화를 만들고 발전시켰다. 초기 철기시대에 이 지역에서는 특징적인 토기, 금속 장신구, 매장 관행으로 구분되는 몇 개의 뚜렷한 지역 집단으로 인식되는 물질문화가 발전했는데, 중부유럽 남부의 할슈타트(Hallstatt) 집단, 중부유럽 북부의 노르딕(Nordic) 집단, 북동부 유럽의 라우지츠(Lausitz) 집단이다. 연구자들은 이 집단들을 다시 하위 집단으로 세분한다. 할슈타트 집단은 서부 할슈타트와 동부 할슈타트로, 라우지츠 집단은 실레지안(Silesian), 괴를리츠(Görlitz), 빌렌도르프(Billen-dorf), 하우스우른(House-Urn) 집단으로 세분한다. 일부 고고학자들은 초기 철기시대에 여러 집단이 발전시킨 토기 형태, 장신구 양식, 매장 관행의 지역적 특징에 따라 더 세분한다.

그런데 고고학자가 작성한 지도의 표현과는 달리 지역집단은 뚜렷한 경계를 보이지 않으며 특정한 행위규범을 일관되게 고집하는 양상도 보이지 않는다. 예를 들면 중남부 유럽의 할슈타트 집단은 봉분 및 화장에서 지하 매장으로의 변화가 특징이며, 북부의 라우지츠 및 노르딕 집단은 화장과 봉분이 없는 평토장이 특징이다. 그러나 일부 라우지츠와 노르딕 무덤에는 작은 봉분이 있기도 하며, 최근 조사에 따르면 할슈타트 지역에도 봉토분 사이에 많은 수의 평토장이 분포해 있다. 할슈타트 지역의 무덤에는 어깨나 가슴 부분에 옷을 고정하는 청동 피불라 브로치를 비롯하여 상당한 양의 금속 장신구가 부장되어 있다. 반면 북부지역에 거주하는 집단의 무덤에는 금속 장신구가 훨씬 적고 피불라 브로치 대신 곧은 침핀이 부장되어 있다. 그러나 약간의 피불라 브로치가 북부지역의 무덤에서 나오기도 하고 침핀이 남부에서 나오기도 한다.

이러한 고고학 증거는 한편으로 특정 지역의 주민들이 자신들의 고유성을 표시하기 위해 자신들만의 독특한 일 처리 방식을 발전시키고 있었음을 보여준다. 다른 한편으로 매장 관행이나 물질문화에 뚜렷한 경계가 없고 변동성이 전체적으로 나타나고 있다는 점은 상당한 규모의 주민 이동과 물질의 유통이 이루어지고 있었음을 시사한다. 모든 지역에서 다양한 관행이 존재했다고 볼 수 있다.

초기 철기시대가 되면 매장 관행은 이전 시기보다 훨씬 더 넓은 범위에서 신분 차이를 나타내는 무대로 이용됐다. 유럽 대부분의 지역에서 많은 집단들이 신분 차이를 표현하기 위해 다양한 매개체를 사용했다. 지역적으로 뚜렷한 차이는 있으나 흙으로 쌓은 거대한 봉토, 매장, 목곽, 남성을 위한 무기, 정교한 개인 장신구, 금, 연회 용품이나 탈 것 등이 공통적으로 나타났다. 중·서부 유럽에서 특징적인 매개체는 화려하게 장식된 단검, 금 목걸이, 고리 장신구, 그리스와 에트루리아산의 연회용 그릇, 네 바퀴가 달린 수레의 부장이었다. 오스트리아 클라인클라인 근처의 하르트네르미셸코겔(Hartnermichelkogel)의 사례와 같이 중부유럽의 동부에서는 어마어마하게 큰 봉분, 화려하게 장식된 장검과 창, 승마구와 말까지 부장하여 특별한 신분과 지위를 표현했다. 글라시나츠(Glasinac) 노비 파자르(Novi Pazar), 트레베니슈테(Trebenište)와 같이 중부 발칸반도 지역에 있는 대규모 무덤의 경우 화려한 그리스제 청동그릇, 금제 장신구, 호박 조각이 특징이다. 이보다 더 동쪽에 있는 루마니아의 페리질레(Ferigile) 집단의 경우 더블-도끼, 망치-도끼, 화살, 단검, 승마구, 수레를 비롯한 다양한 장식 무기를 부장하여 피장자가 높은 신분임을 나타냈다. 흑해 북부의 쿠르간으로 알려진 거대한 봉분 아래에 있는 무덤에는 그리스제 도자기, 화려한 승마구, 무기 장식이나 연회와 관련된 많은 양의 정교한 금세공품이 부장됐으며 때로는 말이 부장되기도 했다.

　이와 같이 신분을 나타내는데 사용된 매개체는 지역적으로 다양했지만 신분 차이를 화려하게 표현하는 현상은 유럽의 남부 전역, 특히 초기 철기시대 후반에 보편적으로 나타났다.

이동성과 상호작용
: 타자에 대한 지식의 증가

변화가 일어난 더 큰 역사적 맥락을 살펴보면 앞에서 설명한 변화의 성격을 이해할 수 있게 된다. 가시적인 변화 이면의 중심에는 급격하게 증가한 사회집단 간, 그리고 지역 간 상호작용이 있었다. 그리스와 이탈리아로부터의 고급 도자기와 청동 그릇의 수입은 유럽의 초기 철기시대 연구에서 오랫동안 주목을 받아왔다. 호박, 산호, 흑연, 유리, 구리, 주석과 같은 물자들도 검토됐다. 그러나 이들에 대한 담론은 너무 좁게 초점이 맞추어진 경향이 있었다.

생각보다 훨씬 많은 인구 이동이 선사시대 유럽에서 발생했다. 신석기시대에 이미 장거리 무역이 중요해졌으며 청동기시대에는 구리·주석·유리·흑연·호박 무역이 성행했다. 청동기시대 유럽에 대한 최근의 연구는 이동성이 높은 개인의 존재를 강조하고 있다.

초기 철기시대의 경우 무역, 가족 교환, 강탈 등과 같은 여러 가지 요인으로 인해 다양한 물품이 원산지로부터 멀리 떨어진 곳에서 발견되는 물질적 증거가 많다. 또한 이미 논의가 많이 이루어진 바와 같이 그리스·에트루리아산의 고급 사치품 외에도 청동 장신구, 도자기, 기타 다른 많은 생산품이 유통됐다. 최근 독일 북서부 페터스하겐(Petershagen) 근처 일제(Ilse)에서 발굴된 무덤은 좋은 예이다. 부장품이 거의 없는 화장이 우세한 지역에서 고고학자들은 15기의 지하 매장 무덤을 발굴하였는데, 이 가운데 13기의 무덤에 상당한 양의 금속제 장신구가 부장되어 있었다. 대부분의 주검은 철사로

된 커다란 귀걸이를 하고 양쪽 발목에는 발찌를 차고 있었다. 다른 부장품으로는 머리핀, 팔찌, 피불라 브로치, 유리와 호박 구슬, 화장품류 등이 있었다. 이러한 유물은 기원전 6세기 중엽, 남쪽으로 500㎞ 떨어진 라인강 상류 지역에서 나타나는 특징인데, 이 지역에서는 지하 매장이 지배적이었다. 13기의 무덤에서 출토된 부장품의 특징은 이 무덤들의 주인공이 여성이었음을 보여준다. 이는 잘 보존된 인골 분석 결과와도 부합한다. 부장품이 없는 2기의 무덤은 현재로서는 피장자의 성별을 확인할 수 없다. 이 무덤들은 라인강 상류에서 북쪽으로 향해 북유럽 평원 주변부로 이동한 집단을 나타내는 것일 수도 있다. 혹은 남부와 접촉하고 있던 집단의 장신구 전통과 매장 관행을 채용한 지역집단일 가능성도 있다. 어느 경우이건 이 무덤들은 초기 철기시대에 발생한 개인의 대단히 높은 이동성을 보여주고 있다.

엘리트 집단의 이동성은 폴란드 비타슈코보(Witaszkowo, 독일어로 Vettersfelde)에서 발견된 '스키타이' 스타일의 유물에도 잘 나타난다. 유적의 성격은 명확하지 않지만 이곳에서 출토된 유물의 특징은 동쪽으로 1,500㎞ 이상 떨어진 유라시아 초원지역 철기시대 기마민족 전통의 남성 무덤임을 강하게 시사하고 있다. 정교한 동물문양의 금제 물고기 장식이, 금제 커버로 장식된 칼집 및 그 속에 든 단검·금제 칼집에 든 철제 장검 등 무기류 그리고 장식패·펜던트·귀걸이·팔찌·체인 같은 다양한 금제 장신구와 함께 출토됐다. 모든 유물은 양식상 기원전 500년경의 '스키타이' 무덤과 연결되지만 이것이 초원지역에서 제작되었는지 아니면 더 서쪽의 어딘가에서 제작되었는지는 명확하지 않다. 여하튼 이 유물들은 기원전 500년경 대초원과 중앙 동부 유럽 사이의 이동성을 명확히 보여주고 있다.

유럽 전역에 걸친 물자의 이동은 보다 넓은 지리적 맥락에서 이해할 필요가 있다. 레반트(Levant), 에게해(Aegean), 이탈리아(Italy), 갈리아(Gaul), 이베리아(Iberia) 및 알프스 북부지역을 포괄하는 유라시아 지역 주민들은 접촉과 상호작용이 심화되는 것을 경험했을 것이다. 상업 규모의 증가는 지중해 유역 대부분 지역에서 뚜렷하게 나타났다. 셰랫(Sherratt and Sherratte)은 기업가적인 상업활동이 이전보다 훨씬 큰 규모로 부의 축적을 이끌며 무역 성장의 이면에 있는 원동력으로서 궁전 경제를 대체하기 시작했다고 주장했다. 레반트와 북유럽, 그리스와 영국, 이탈리아와 라인란트를 연결하는 '교역품'의 발견은 대규모의 사람들이 지역과 지역을 여행하고, 물품을 거래하고, 정보를 공유했음을 보여주는 흔적이다.

진행 중인 순간으로서의 고고학 유적

철기시대 연구는 발굴된 유적과 유적에서 출토된 유물 분석에 초점을 맞춘 패러다임으로 발전해왔다. 연구 프로젝트와 출판된 결과물을 보면 특정한 묘역과 취락을 조사하고 비교한 것이 대부분이다. 연구 결과로 드러나는 이미지는 수대에 걸쳐 취락에 거주하며 죽은 자를 묻은 정적이고 고정된 집단의 모습이다. 일반적으로 외래물품은 상인이 수입하여 토산품과 교환된 측면에서 검토됐다. 인접 지역의 다른 취락과 묘역에는 거의 관심을 두지 않고 단일 유적의 연구를 강조하는 경향은 유럽 철기시대의 문화 경관에 대한 정적인 개념으로 이어졌다.

집단의 사회적 경계는 분명히 대부분의 모델이 제안한 것보다 훨씬 더 유동적이었을 것이다. 개인은 혼인에 의해 집을 떠날 수도 있으며, 교역을 위해 떠나기도 하고, 전투에 참전하기 위해 떠나기도 하며, 새로운 집단을 꾸리기 위해 떠나기도 한다. 여행하는 상인, 하룻밤을 머무는 순례자, 혹은 좀 더 오래 머무는 친척 등을 비롯한 방문객들은 많은 집단에게 역동성을 가져다 주었다. 취락이나 무덤에서 발견되는 외래계통의 물품은 이러한 이동성을 반영하는 것이다.

정체성과 상호작용

정체성은 개인과 집단이 다른 사람과 접촉할 때 중요한 요소가 된다. 상호작용은 타자에 대한 지식을 창출하고, 그 지식을 바탕으로 개인과 집단은 정체성과 타자를 표현하는 수단을 만들어낸다. 좀 더 커진 이동성의 맥락에서 뚜렷하게 증가한 초기 철기시대의 상호작용은 점점 더 많은 수의 사람을 마주치게 했고 개인과 집단이 그들 특유의 특징에 대해 더 많이 인식하게 되는 환경을 불러왔다. 독특한 벨트판, 피불라 브로치, 장검, 단검 등은 집단 간 정체성의 표현이라는 측면에서 이해할 수 있다. 개인에 관한 정보를 전달하기 위해서는 관계된 모든 사람이 그 사회적 규칙을 알아야 했다.

특정 관행을 공유하는 지역의 성장은 지역 단위에서 보다 커진 상호작용의 측면으로 이해할 수 있다. 예를 들면 엘베(Elbe)강 중류 동쪽에 사는 사람들 사이의 상호작용이 증가하면서 인접 지역의 집단들은 자신들의 정체성에 대한 독특한 물질적 표현을 만들어 냈다. 어떤 지역에서는 사람들이 이탈리아산 골항아리를 모델로 하여 집 모양의 도자기를 만들었다. 이 도자기는 판석으로 된 석실무덤을 쌓는 장례 의식의 일부였다. 동부의 빌렌도르프 집단으로 알려진 사회는 이러한 독특한 장례용 물건이나 석실무덤을 사용하지 않고 대신 그들 고유의 독특한 도자기를 만들었다. 그중 하나는 높은 원뿔 모양의 목에 주둥이가 크게 벌어지고 어깨에 가로 및 비스듬히 새긴 선과 작은 손잡이가 장식된 그릇인데, 음식을 준비하거나 장례 의식에 사용했다. 다른 하나는 넓고 큰 손잡이가 달린 작은 주전자의 활용이다. 집단의 특징은 장례 의식의 여러 측면을 통해서 표현되었을 테지만 현재까지의 연구로는 이러한 차이를 식별할 수 있는 하나의 지표로서 토기와 무덤 구조를 들 수 있겠다.

수입품, 엘리트, 지역성

이베리아에서 우랄에 이르기까지 남부 온대유럽 전역에 분포하는 큰 규모의 무덤에서 관찰되는 엘리트의 지위와 신분에 대한 표현은 상호작용이 심화되는 시기에 나타난 정체성의 변화라는 측면에서 이해할 수 있다. 메리 헬름스(Mary Helms)가 보여준 바와 같이 원거리 상호작용은 지위와 신분에 밀접히 연결되어 있으며, 유통되는 상품은 개인과 집단이 지위와 권력을 획득하는 수단을 제공했다. 화려한 매장 행위는 정적인 계급사회를 반영하는 것이 아니라 초기 철기시대 유럽의 역동적이고 유동적인 사회적 맥락에서 살아 있는 사람들이 사회적으로 표현하고 과시하는 과정 속에서의 순간을 나타내는 것으로 이해할 필요가 있다. 이러한 무덤들은 복잡한 건축물로서 다양한 방식으로 정체성을 표현하고 있다.

독일 슈투트가르트(Stuttgart) 근처의 호흐도르프(Hochdorf)에서 훼손

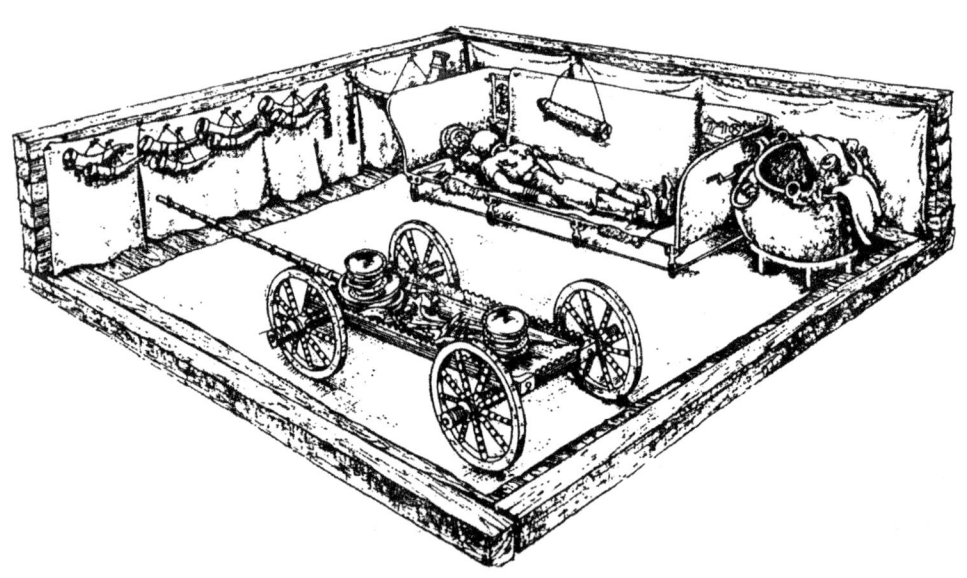

그림 3. 호흐도르프 유적의 무덤 내부 복원도

벤치형 청동 시상대에 안치되어 있는 남자는 자신의 특별한 지위를 나타내는 수많은 표식을 착용하고 있다. 목에 차는 링, 피불라 브로치, 벨트판, 신발 장식 등은 모두 금으로 만들어졌으며 단검이 들어 있는 칼집도 금으로 입혀져 있다. 발 아래쪽에는 그리스제의 거대한 청동솥이 놓여 있고 그 위에는 금으로 된 사발이 놓여 있다. 무덤 방의 남쪽 벽에는 아홉 개의 뿔잔이 걸려 있는데, 피장자의 머리 위쪽에 걸려 있는 것은 금장으로 장식된 매우 큰 철제 뿔잔이다. 나머지 여덟 개는 금속 부속품으로 장식된 오로크스 야생소의 뿔로 만든 것이다. 무덤 방의 앞쪽에는 아홉 개의 청동접시를 비롯한 여러 가지 물건이 실린 수레가 놓여 있다.

되지 않은채 발굴이 잘 이루어진 무덤유적은 좋은 예이다. 이 무덤은 기원전 530년에 30세가량의 남자가 묻힌 것이다. 피장자는 그 사회 대부분의 사람들보다 부유하고 높은 지위에 있던 엘리트로 확인됐다. 거대한 봉토, 참나무로 만든 정교한 묘실, 다량의 금, 특별한 모양의 단검, 많은 양의 연회 용품들, 장식된 옷감, 청동제 침상 등은 모두 특별한 지위와 부를 보여주고 있다.(그림 3) 이러한 물질적 표현은 피장자를 집단의 나머지 사람들과 구별시켜준다. 이 특별한 부장품의 일부는 피장자를 알프스 북서부의 다른 엘리트와 연결시켜 주고 있다. 금제 목걸이는 일반적으로 부의 상징물로 사용됐으며 똑같지는 않지만 매우 유사한 반지가 40여 기의 무덤에서 발견됐다. 장식 단검, 네 개의 바퀴 달린 수레, 각종 연회 용품 등도 무덤의 피장자가 특정한 지위에 있었음을 보여주는 표식 가운데 하나이다. 그러나 이 특별한 집단 안에서도 호흐도르프 무덤의 부장품은 피장자가 평범한 사람이 아니었음을 나타내고 있다.

묘실의 남쪽 벽에 아홉 개의 장식 뿔잔이 걸려 있는데, 하나는 금판으로 장식한 철제의 매우 큰 뿔잔이고 나머지는 야생 소의 뿔로 된 것으로서 호흐도르프 무덤의 특징 가운데 하나이다. 아홉 개의 장식 뿔잔은 수레 위에 배치된 아홉 개의 청동 접시와 매치된다. 크라우세(Krausse)는 이 아홉 세트가 피장자와 여덟 명의 추종자를 나타내는 것으로 해석했다. 후대의 기록은 유럽 초기사회의 족장이 집단의 결속력과 지도자의 지위 및 역할을 확인하고 강화하는 연회를 열어야 했다고 전해준다. 400리터 용량의 솥과 벌꿀 술로 추정되는 술 잔여물은 지도자가 자신의 추종자들의 뿔잔을 채우기 위해 금제 사발로 퍼 담은 음료의 존재를 암시한다. 이러한 해석이 맞다면 이 부장품의 조합은 피장자가 자신의 정체성을 재확인하는 행위를 나타내는 것일 가능성이 크다. 일부 용기는 봉토에서 행해진 장례의 마지막 순간에 사용됐을 것이다.

무덤에 부장된 직물의 붉은색 염료와 청동솥은 피장자가 지중해 사회와 연결되어 있음을 보여준다. 또한 직물에 그려진 문양은 지중해에 기원을 두고 있는 것들이지만 오소리 털로 짠 직물자체는 이 지역 토착품이다. 솥 겉면에 장식된 세 마리의 사자, 긴 의자를 잡고 있는 여덟 명의 여성상, 긴 의자 뒤에 양각으로 장식된 여덟 명의 전사, 멍에에 장식된 말 등 무덤에 부장된 많은 수의 청동 형상은 이 시기 이 지역에는 매우 드문 것으로서, 지중해로부터 이러한 새로운 요소들을 받아들여 채용했음을 보여주고 있다. 지중해와 연결되는 이러한 유물이 토착지역의 장례 관행에 깊숙히 자리잡고 있었음을 알 수 있다.

모든 무덤과 마찬가지로 호흐도르프 유적은 장례 의식 중의 한 순간이 구현된 것이다. 큰 무덤 근처에서 발견되는 많은 양의 토기는 제의의 일부로 장례 연회를 열었음을 암시한다. 매우 흥미롭게도 우크라이나 남부의 토브스타 모힐라(Tovsta Mohyla)[2]에서 다량의 그리스 암포라와 동물뼈들이 봉토와 연결되는 주구에서 발견됐다. 호흐도르프와 동부 유럽의 쿠르간(kurgan)에서는 제의에 사용된 물건들이 봉토 내에 특수하게 마련된 구덩이에서 출토됐다. 1992년 동부 프랑스의 빅스(Vix)에서 이루어진 묘역 발굴에서는 실제 사람 크기의 석상 두 점이 사각형으로 둘러진 주구에서 발견됐다. 석상 중 하나는 화려하게 장식한 여성상이고 다른 하나는 잘 차려 입은 남성

---

[2] 역자주 : 토브스타 모힐라 유적은 유럽 남부에 있는 드니프로페트로브스크(Dnipropetrovsk)주의 오르조니키제(Ordzhonikidze)에 있다. 기원전 4세기에 해당되는 대규모의 스키타이 귀족 무덤인 쿠르간이 발견됐다.

전사였는데, 주구 입구 바로 옆에 세워져 있었다.(그림 4) 여성 석상에 장식된 목걸이는 대규모의 여성 무덤에서 나온 것과 유사한 것이다. 따라서 이

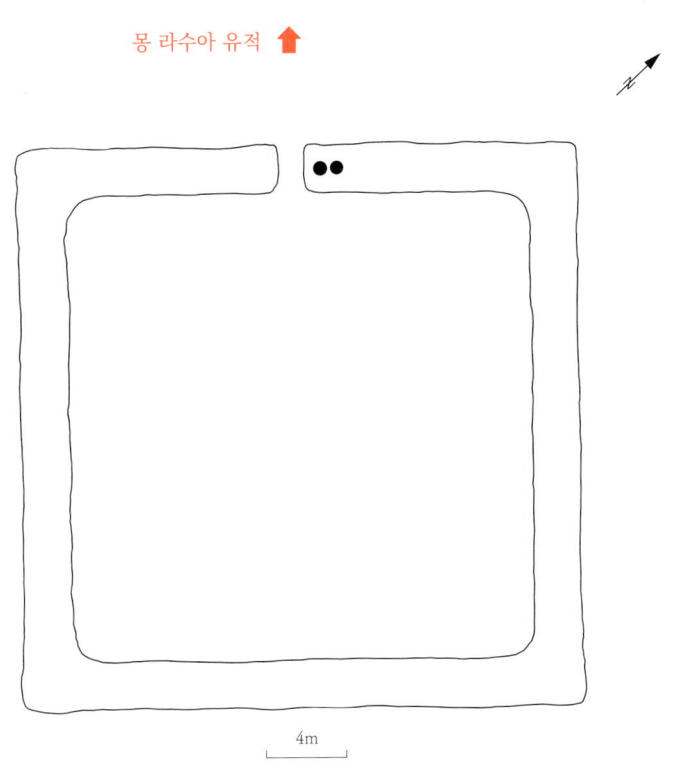

그림 4. 빅스 유적 무덤의 주구 도면

대규모 여성 무덤 남서쪽 200m에 위치. 회색음영으로 표시된 부분이 방형의 주구이며, 각 변은 약 23m이다. 주구의 북서부 중앙에서 켈트 요새유적인 몽 라수아(Mont Lassois) 유적이 바라다보이며, 이곳에서 너비 1.2m되게 주구가 단절돼 있어서 내부로 들어가는 입구로 추정되고 있다. 검은색 두 개의 점은 석상의 위치를 나타내며, 입구에 가깝게 있는 것이 여성의 석상이다.

석상은 무덤에 묻힌 여성을 나타내는 것일 가능성이 있다. 환호와 연관되어 출토된 다량의 토기와 동물 두개골은 이곳에서 행해졌던 장례 의식의 잔해일 것이다. 장례 의식과 관련하여 봉토 내부와 봉토 주변에서 발견된 이러한 새로운 증거들은 무덤을 사회구조의 정적인 표현이 아니라 역동적인 과정의 물질적 유물로 이해하는 데에 도움을 준다.

그리스와 에트루리아산 수입품은 초기 철기시대 연구에 많이 나오지만, 앞에서 설명한 논의에 비추어 이 수입품들의 중요성을 재검토할 필요가 있다. 가장 중요한 것은 수입품이 만들어진 사회가 아니라 철기시대 사회에서 사회적 관계를 구체화한 사물로서 수입품이 수행한 역할이다. 외래물자로서의 수입품은 원거리, 종족, 관습에 관한 지식을 담은 것으로 이를 소유하고 과시했던 사람들에게 글로벌화 된 분위기를 부여해주었다. 또한 수입품은 지리적으로 떨어져 있는 엘리트 간의 제휴와 연맹을 표시하기도 했다. 이와 같은 그리스와 에트루리아산 수입품은 이 시기에 유통됐던 많은 물품 가운데 하나였으며, 그중 다수는 원격지의 사람들을 연결시켜주는 역할을 했다.

이베리아의 엘 베루에코(El Berrueco), 프랑스 동부의 몽 라수아, 독일 남서부의 호이네부르크(Heuneburg), 슬로비니아의 스티치나(Stična), 우크라이나 중부 드네프르(Dnieper) 지역의 벨스크(Belsk) 등과 같이 기원전 6세기의 활발한 생산활동과 상업활동을 보여주는 대규모 취락의 등장은 지위를 과시하고 표현하는 데에 외래물품의 역할이 커졌음을 보여주는 맥락으로 이해할 수 있다. 이러한 대규모의 중심 취락은 엘리트가 원하는 외래물품을 제공하는 유통체제로 이끈 메커니즘이었다. 규모가 크고 부장품이 풍부한 무덤이 중심 취락보다 먼저 출현했는데, 정작 이러한 무덤이 많은 지역에는 중심 취락이 없는 경향이 많다. 호이네부르크의 보루와 벨스크의 거대한 요새가 있는 점토벽의 예처럼 일부 중심지는 장례 의식과 함께 과시를 위한 무대로 사용됐다.

인물 형상과 정체성
: 새로운 표현들

초기 철기시대가 되면 이전 시기에 보기 드물었던 인물에 대한 표현이 더욱 증가했으며, 기원전 6세기 초부터는 점차 일반화됐다. 작은 청동제 형상들은 스트레트베크(Strettweg) 수레(그림 5)에 묘사된 그림에 등장하는데, 할슈타트의 말 탄 기사들이나 호흐도르프의 벤치형 침상을 받치고 있는 여덟 명의 인물 표현이 좋은 예이다. 토기에 새겨진 인물 그림은 유럽의 중부와 중동부에서 흔히 볼 수 있는데, 헝가리의 소프론(Sopron)이 대표적이다. 실물 크기의 석상은 히르슐란덴 및 빅스 유적과 같이 대규모 무덤과 연관되어 등장한다. 사람의 모습을 표현하는 이 새로운 행위는 중요한 혁신이었으며, 동시에 자신이 살고 있는 세계와 자신에 대해 생각하는 방식에 중대한 변화가 일어 났음을 시사한다.

이와 같은 표현에 직접 영향을 미친 것은 기원전 7세기와 기원전 6세기 그리스 예술이었을 것이다. 그리스 세계의 많은 소형 청동제 형상은 온대 유럽지역의 청동제 형상의 모델이 되었을 것이며, 그리스 토기에 그려진 형상은 초기 철기시대 토기에 새겨진 그림을 위한 모델, 그리스의 여성상 쿠리

그림 5. 오스트리아 슈타이어마르크Steiermark주 스트레트베크에서 조사된
기원전 600년경 대규모의 남성 무덤 출토 청동 수레 복원도

중앙에 배치된 여성과 그녀를 에워싸며 장식된 말 위의 남성들 및 수레바퀴 위의 남성들에 대한 표현은 초기 철기시대의 특징적인 인물 형상이다. 중앙의 여성은 장식 벨트와 귀걸이를 착용하고 있다. 남성들은 아무런 장식 없이 창, 전투용 도끼, 투구, 방패 등과 같은 무기를 들고 있다. 여성상의 높이는 22.6cm이다.

(kouri)[3])와 에트루리아의 입상은 히르슐란덴 유적의 나체 남성 전사상 및 이와 관련된 조각품 제작을 위한 모델이 되었을 것이다. 이와 같은 인물에 대한 묘사는 온대 유럽에 거주한 사람들에게 상당한 영향을 주었다. 청동 형상과 석제 조각상은 과시가 중요했던 엘리트와 밀접히 연관되어 있다. 이러한 형상의 표현은 장례 의식을 본 모든 사람들의 눈에 비쳤을 것이고 깊은 인상을 남겼을 것이다. 이러한 행위의 결과 초기 철기시대 주민들은 좀 더 크고 복잡한 지중해 세계와 점점 더 밀접하게 연결되어 있다고 느끼게 됐다. 다양한 인물 형상은 그들이 자신을 어떻게 묘사하려고 했는지, 즉 어떤 연관성과 어떤 물질적 장식으로 나타내려고 했는지를 알려준다. 많은 여성상은 무덤에 매장된 여성이 착용한 것과 같은 장신구를 하고 있다. 스트레트베크 출토 여성상과 호흐도르프 유적에 묘사된 의자 밑의 사람들은 이 시기 대규모 무덤의 피장자가 착용하고 있는 것과 똑같은 귀걸이와 벨트로 장식되어 있다. 스트레트베크 수레, 히르슐란덴의 비석, 빅스 주구에서 발견된 조각상과 같은 남성상은 장신구를 착용하지 않았고 대규모 무덤의 남성 피장자와 마찬가지로 그들이 들고 있는 무기에 의해 구분되고 있다. 이와 같이 적어도 부장품이 많은 후장(厚葬) 무덤의 경우에 한해서는 이 형상들은 이들과 관련된 차별적인 물질적 대상을 기초로 여성과 남성을 구분할 수 있도록 해준다.

청동기시대에 가장 많이 표현된 동물은 물새였다. 초기 철기시대에는 황소, 수사슴, 말 등이 추가 된다. 지중해 사회에서 황소는 강력한 힘의 상징이었다. 말은 그리스와 흑해 북부 초원지역에서 보편적으로 묘사되며, 수사슴

---

3) 역자주 : 고대 그리스의 누드 여성상을 의미하며, 남성은 쿠로스(kouros)라고 한다. 쿠로스는 고대 그리스어로 귀족 남성이나 신체를 의미한다.

은 초원지역의 무덤에서 가장 많이 발견된다. 인물을 표현하는 것과 마찬가지로 동물을 표현하는 것도 지중해와 동부 초원지역 간 상호작용의 영향을 받았을 것이다. 그러나 인물상과 마찬가지로 동물상의 경우도 외부로부터 차용한 모델을 사용하되 원래 모습을 그대로 모방하거나 흉내 내려고 하지는 않았다. 오히려 철기시대의 장인들은 재지의 의미 있는 형태로 만들어냈다. 부분적으로는 차용한 테마를 통해 자신을 표현하고, 또 한편으로는 차용한 테마를 새로운 것으로 변형시키기도 하면서 철기시대 유럽인의 정체성은 남쪽과 동쪽 주민들의 관계라는 관념으로 점점 더 밀접하게 상호 연결되어 갔다.

제3장

지역 간 정체성의 형성

후기 철기시대 또는 라텐시대의 시작은 일반적으로 기원전 5세기에 새로운 스타일의 장식이 출현한 것으로 정의된다. 그러나 또다른 중요한 변화는 사람들이 자신의 정체성을 생각하고 표현하는 방식에서 명확하게 나타난다. 이러한 새로운 경향은 매우 크고 화려하게 조성된 후장(厚葬) 무덤에 특히 잘 표현되어 있다. 두 세대 후에는 이 새로운 스타일이 유럽 전역에 걸쳐 광범위하게 확산된다. 기원전 4세기에 시작된 훨씬 커진 장례 관행은 온대 유럽인들의 집단 및 지역 정체성에 새로운 요소가 중요하게 부각되고 있었음을 보여준다.

새로운 스타일의 장식

유럽 중부와 서부의 후기 철기시대 시작은 라텐 스타일 장신구의 출현으로 특징지어진다. 최근 연구에 따르면 기원전 5세기 초 독일 라인강 연변의 라인란트 중부지역에서 새로운 스타일이 발전했다. 초기 철기시대에 금속제품과 토기에 베풀어진 장식이 정사각형, 마름모, 원, 삼각형을 기본으로 하

그림 6. 금 상감 장식의 목제 그릇

독일 자를란트(Saarland) 슈바르첸바흐(Schwarzenbach) 유적의 무덤에서 출토됐다. 직경은 12.6㎝. 이 유물은 초기 라텐 장식을 특징짓는 양식화된 꽃무늬 장식을 보여준다.

(사진 : Einsamer Schütze / Wikimedia Commons, 재편집)

는 기하학적인 형태를 특징으로 한다면 후기 철기시대의 라텐 스타일은 꽃문양, 비대칭문양, 조형물을 특징으로 한다. 폴 제이콥스탈(Paul Jacobsthal)은 그의 책『초기 켈트예술』(1944)에서 새로운 스타일을 특징짓는 모티브가 그리스와 에트루리아 공예품에 장식된 문양을 차용해 변형시킨 것이라고 설명했다. 여기에는 나뭇잎, 꽃잎, 꽃, 덩굴손, 동물·사람·괴수의 얼굴 문양이 해당한다.(그림 6) 최근에는 라텐 장식 제작에 동유럽 초원지역의 장식전통의 영향도 중요했던 것으로 분석됐다. 이 스타일이 중·서부 유럽에 등장한 것과 거의 같은 시기에 그리스 상식과 유사한 식물 요소를 차용한 모티브가 흑해 북쪽에 있는 초원지역의 장식에 추가됐다.

루트비히 파울리(Ludwig Pauli)는 신흥 엘리트 집단이 신분을 과시하기 위한 수단으로 라텐 스타일을 만들었다고 주장했다. 이 스타일의 가장 이른 시기 표현양식은 라인란트 중부지역에서 조사된 이례적으로 후장(厚葬)된 무덤군에 나타나며, 한

그림 7. 사람형상의 청동제 핀
독일 바바리아(Bavaria)의 파르스베르크(Parsberg) 유적에서 조사된 남성 무덤에서 출토됐다. 길이는 8.8㎝. 위쪽에 사람 머리가, 아래쪽에 괴수의 얼굴 세 개가 양식화되어 표현되어 있다.
(사진 : Wolfgang Sauber / Wikimedia Commons, 재편집)

지역 간 정체성의 형성

두 세대 후에는 철기시대의 상당히 많은 사회가 이 스타일을 채용했다. 초기 양식의 특징은 금제 및 청동제 장신구에 사람과 동물의 양식화된 표현을 사용한다는 것이다.(그림 7) 이러한 경향은 초기 철기시대의 장식과는 완전히 차원이 다른 것이었다. 남성과 여성, 수사슴 및 황소와 같은 동물을 간단하고 아무런 장식 없이 묘사하는 대신 많은 인물상을 새로운 스타일의 표현수단으로 변형했다. 남성과 여성의 표현은 대개 '사람 얼굴 같은' 모습으로 대체되며(수염을 기른 얼굴은 남성을 나타내는 경우가 많음) 동물의 경우는 자연의 어떤 생물과도 닮지 않은 괴수로 많이 표현된다.

후장厚葬 무덤과 새로운 스타일

가장 이른 시기에 등장한 새로운 스타일의 장식은 금제 및 청동제 장신구, 철제 및 청동제 무기를 비롯한 재지의 매우 정교한 금속제품에 나타나며, 대부분 부장품이 많고 대규모의 후장(厚葬) 무덤에서 출토된다. 초기 라텐 스타일로 장식된 유물이 부장된 무덤이 가장 많이 집중되어 있는 곳은 라인란트 중부지역으로, 이곳에서 50기가 발견됐다. 다음으로 많은 지역은 프랑스 중부 엔(Aisne)강과 센(Seine)강 상부 사이로, 이곳에서 30여 기가 알려졌다. 체코의 보헤미아(Bohemia), 오스트리아의 오버외스터라이히(Upper Austria), 프랑스 중부에도 소수가 분포한다. 기원전 475년에서 기원전 400년 사이로 편년되는 무덤의 경우 어떤 면에서는 앞 장에서 다루었던 초기 철기시대의 대규모 후장 무덤과 유사하다. 이 초기 무덤들은 지하 매장(화장이 소수 발견됐으나 지하 매장이 주로 이루어짐), 목관, 거대한 봉토, 바퀴 달린 탈 것(현재와 같은 네 바퀴의 수레보다는 바퀴가 두 개 달린 전차나 카트같은 손수레), 금제 반지와 기타 보석류, 연회용 그릇, 남성의 경우 무기가 갖추어져 있다는 공통점이 있다. 잘 매장된 초기 라텐 시기의 후장 무덤은 무덤의 구조, 장법(매장과 화장), 부장품의 조합 면에서 차이가 난다. 차이를 보이는 요소 중 일부는 지역적인 차이에서 오는 것인데, 라인란트 중부지역의 무덤은 에투루리아산 청동 그릇, 금 귀걸이 같은 보석, (남성의 경우) 장식검의 부장이 특징이다. 프랑스 중부에서는 금장식이 적고 청동제 가슴장식이 특징이며 아름답게 꾸민 투구가 출토되기도 한다.

대부분의 초기 라텐 시기 후장 무덤은 초기 철기시대의 후장 무덤이 분포하는 중심지의 북쪽에 위치하지만 일부는 중복되기도 하며, 프랑스의 중부와 동부의 경우는 두 계통의 후장 무덤이 같은 지역에 분포하기도 한다. 이전과는 달리 후대의 무덤은 제작 및 교역에 관한 많은 증거를 보여주는 대규모의 취락과는 연관성이 별로 없다.

중·서부 유럽 전역에 분포하는 초기 라텐 무덤의 부장품에 보이는 유사한 문양은 앞의 제2장에서 논의한 이동성의 증가라는 측면에서 이해할 수 있다. 루돌프 에히트(Rudolf Echt)는 남성들의 무덤을 프랑스 중부에서 보헤미아에 이르기까지 비슷한 신분의 사람들과 긴밀한 접촉을 유지하며 캠페인을 포함한 정기적인 여행에 참여했던 전사 - 왕자들의 무덤으로 해석했다. 지역적인 차이가 있기는 하지만 남성 무덤에 부장된 기본적인 군사 장비는 장검, 긴창, 투구와 같이 전체적으로 상당한 일관성을 보이고 있다. 군사적인 테마와 밀접하게 연결된 정체성의 표현에서 나타나는 이러한 규칙성은 후기 철기시대 사회의 '군사적 이데올로기'가 이와 같은 맥락에서 기원했거나 또는 발전했음을 보여주는 중요한 단계가 있었음을 시사한다.

남성 무덤에 상응하는 - 후장된 여성무덤은 후장된 남성무덤보다 수가 적음 - 여성 무덤에 대한 에히트의 분석은 그들의 정체성이 지역 간의 맥락보다는 재지에 더 뿌리를 두고 있음을 보여준다. 그는 라인하임(Reinheim) 무덤[1]에 대한 연구에서 죽은 여성과 함께 껴묻힌 부장품의 다수가 특별한 종교적 또는 제의적 역할을 했을 것이라고 주장했다. 이것은 잘 매장된 다른 여성들의 후장 무덤에도 적용된다. 라인하임 무덤에서 출토된 다량의 청동 및 금으로 된 사람과 동물 형상은 주목할 만하다. 또한 이 무덤에는 온대 유럽에서 가장 이른 시기의 청동거울 중 하나가 부장되어 있었는데, 이것은 철기시대 후기에 부유한 여성의 무덤을 나타내는 표지적 유물로서 개인의 자의식에 영향을 미치는 물품이었다.

독일 남서부 라인강 상류에 있는 귄들링겐(Gündlingen) 유적에서 최근에 발굴된 무덤은 이 점에서 매우 중요하다. 잘 보존된 성인 여성의 인골 한 구가 평균 이상의 청동제 장신구, 즉 피불라 브로치 네 점, 팔찌 두 점, 발찌 두 점과 함께 출토됐다.(그림 8) 팔찌 중 하나는 추상화된 얼굴과 여러 꾸미개들로 장식되어 있었다. 피장자의 왼쪽 아래 다리 바로 옆에는 호신부(護身符)로 특징되는 많은 양의 물건들이 놓여져 있었는데, 원래 가방이나 상자에 넣어 부장했을 것이다. 종류를 보면 청동끈으로 꿰맨 구멍 뚫린 돌 한 점, 청

---

1) 역자 주 : 독일 자르게뮌트(Saargemünd)의 동북쪽 블리스(Blies)강 평원에 위치하며 유적 바로 남쪽이 독일과 프랑스의 국경이다. 블리스강의 남쪽에서 다수의 무덤이 조사됐다. 유적의 일부는 이미 파괴된 상태였으며 1954년에 정식 조사가 이루어졌다. 이 가운데 라인하임 공주라고 불리는 무덤은 거대한 봉분 아래에 목재의 곽으로 이루어진 무덤군 중 하나로 봉분 직경 23m, 높이 약 4.7m이다. 인골과 함께 많은 양의 유물이 출토됐다.

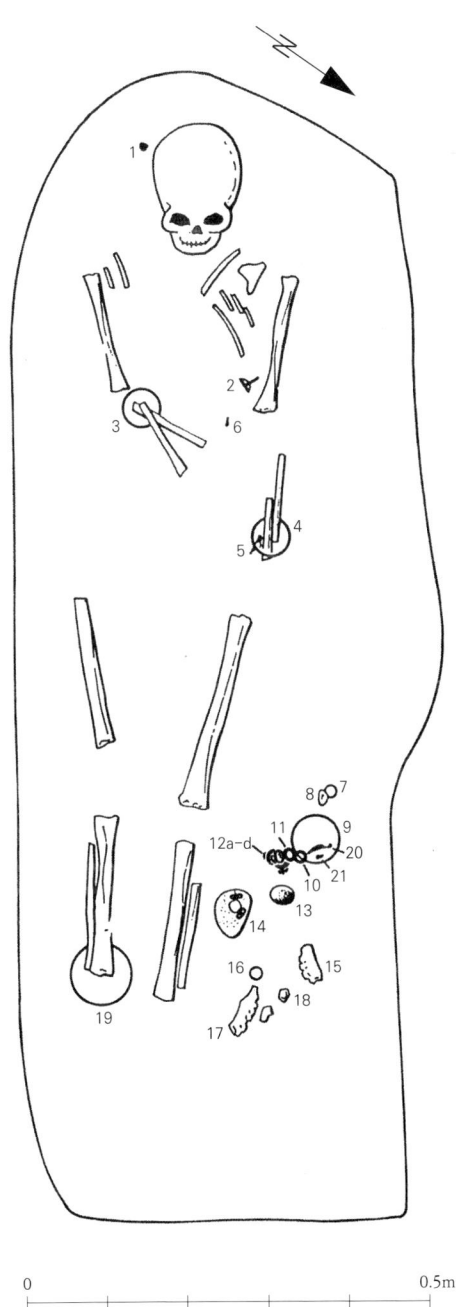

그림 8. 독일 바덴-뷔르템베르크Baden-Württemberg 귄들링겐 유적 봉토 3의 중앙 무덤 평면도

성인 여성의 인골이 독특한 보석류와 함께 출토됐다. 치유나 마술과 관련있는 물건들의 부장은 매우 특이한 것으로 피장자의 왼쪽 아래 다리 바로 옆에 놓여 있었다. 그림의 1, 2, 5, 6은 청동제 피불라 브로치, 3과 4는 청동 팔찌, 7, 9, 10, 16은 청동 고리, 8은 지오드 보석, 11은 호박 구슬, 12a는 청동 황소상, 12b는 청동제 십자가 달린 고리, 12c는 호박 고리, 13은 달걀 모양의 조약돌, 14는 자연적으로 구멍이 나있는 평평한 석회암 조각인데 청동 밴드로 수선되어 있으며, 15와 17은 개의 상-하악골, 20은 소형 청동칼, 21은 개의 이빨이다.

지역 간 정체성의 형성   123

동 고리 두 점, 지오드보석 한 점, 달걀모양 조약돌 한 점, 청동 황소상 한 점, 다량의 호박구슬, 개의 턱 두 점 등이다. 이러한 물건들은 모두 중세와 현대인이 해악을 방지하거나 질병을 치유하거나 혹은 행운을 가져다 주는 부적 또는 호신부로 사용한 것들이다. 권들링겐의 여성 무덤에 이러한 물건이 부장돼 있다는 것은 피장자가 치유나 종교적인 행위와 관련 있는 전문가였음을 보여준다.

고고학자들은 동유럽에서 기원전 5세기에 매우 풍부하고 잘 매장된 쿠르간의 수가 크게 증가했음을 알아냈다. 이 무덤들을 다른 무덤들과 구분시켜 주는 것은 부장품의 종류이다. 부장품은 이 지역의 이전 시기와 유사하지만 (제2장을 참조) 일부 무덤은 이전에 비해 훨씬 풍부하고 많은 유물이 부장되어 있었으며 새로운 스타일의 장신구들도 부장됐다. 봉토 중 일부는 이전보다 훨씬 더 정교해진 장례 의식을 위한 장소였다.

자신과 타자를 향한 새로운 관점

초기 라텐문화의 묘역과 무덤의 구조는 지중해 사회에 대한 시각의 변화와 토착 엘리트가 지중해 사회와 연관시켜 자신의 정체성을 형성한 방식에서의 변화를 보여준다. 초기 철기시대의 대규모 후장 무덤에는 제작에 많은 노력과 기술 및 물자가 소요되는 그리스 세계 특유의 청동 그릇이 부장되어 있다. 대표적인 예는 빅스 유적의 크라테르 술단지라고 하는 청동솥이다. 호흐도르프 청동솥과 그라펜빌(Grafenbühl)에서 출토된 청동 삼발이 및 상아와 호박으로 장식된 가구, 스위스 그레흐빌(Grächwil)에서 출토된 하이드리아 물동이도 복잡하고 특유한 그리스 공예품의 좋은 예이다. 초기 라텐양식과 관련된 후장 무덤의 지중해산 부장품은 주로 그리스와 에트루리아 사회에서 부유한 사람들이 일상적으로 사용한 것들이었다.

초기 철기시대의 엘리트가 무덤에 호화로운 지중해산 수입품을 부장함으로써 자신의 지위를 강조한 반면, 후기의 엘리트는 고유의 재지산 장식, 특히 목에 차는 링 목걸이 토르크(torc)와 보석으로 된 팔 장식으로 자신의 신분을 강조했다. 라인하임, 베세링겐(Besseringen), 에르스트펠트(Erstfeld), 글라우베르크(아래 참조)에서 출토된 금제 토르크는 정교한 기술로 제작된 것이며 장식의 형식도 완전히 다른 것이다. 단단한 금속은 아니지만 초기 라텐양식으로 된 큰 링 형태의 금목걸이는 얇은 금속판을 말아서 만든 형식으로서 유사하게 제작된 대다수의 목걸이와는 달리 상당히 두껍고 무겁게 만들어졌다. 빅스 유적의 후장된 여성 무덤에서 출토한 토르크는 매우 뛰어난데 여러 면에서 초기 철기시대보다는 초기 라텐에 더 가깝다.

이와 같이 수입품과 링 목걸이에서 보이는 변화는 엘리트가 자신의 정체성을 표현한 방식에서 중요한 변동이 있었음을 나타내며, 동시에 지중해 사람들과 관련된 유럽 철기시대 사회에 대한 태도의 변화를 의미한다. 초기 라텐 시기에는 지위를 과시하는 방식에서 지중해와의 연결성이 갖는 중요도가 낮아졌으며 독특한 재지 생산품이 더 중요한 역할을 했다. 초기 라텐 무덤에서는 재지의 장인이 라텐 스타일의 일부 요소를 추가해 변형시킨 수입 도자기 및 청동 그릇과 수입한 물건을 지역 스타일로 바꾼 새로운 형태의 그릇이 출토된다. 예를 들면 슈투트가르트(Stuttgart) 인근의 클라이나스페르글

그림 9. 그리스산의 붉게 칠한 인물상이 그려진 카이릭키스 바닥면
독일 슈투트가르트 인근 클라이나스페르글 무덤에서 출토됐다. 그리스에서 제작된 쟁반에 라텐 스타일(118쪽의 그림 6과 비교)의 금제 장식을 덧붙였다. 손잡이를 제외한 쟁반의 직경은 15.5㎝이다.

(Kleinaspergle) 무덤에서 출토된 두 점의 아틱 카이릭키스(Attic Kylikes)라고 하는 그릇은 판금 장식을 채용하여 변형시키고 토기 안쪽과 겉면에 작은 청동 핀을 붙여 원래의 컵과 다른 모습을 띠고 있다.(그림 9) 이러한 부가물은 그릇을 수리하는 작업 과정에서 이루어진 것이다. 그리스산 도자기 와인잔에 금제 라텐 장식을 덧붙임으로써 재지의 장인들은 이 물건들을 '재지 엘리트와 그리스세계 간 상호작용의 상징'에서 지중해산 수입품에 덜 의존적이고 자신들의 장식체계를 좀 더 과시하는 쪽으로 완전히 탈바꿈시켰다. 또 다른 사례로는 암스하임(Armsheim), 라우머스하임(Laumersheim), 바이스키르헨(Weiskirchen) 유적 출토품과 출처를 알 수 없는 브장송(Besançon) 박물관 소장품의 경우도 에트루리아산 청동 그릇의 겉면에 라텐 장식이 새겨진 것에 해당한다. 수입된 그릇에 재지계통의 장식이 적용된 예는 체코 필젠-라우드나(Plzen-Roudná)에서 출토된 그리스 카이릭키스, 독일의 클라이나스페르글·프랑스 바스-유츠(Basse-Yutz)·독일 글라우베르크에서 출토된 청동제 에트루리아산 주전자, 오스트리아 뒤른베르크(Dürrnberg)에서 출토된 토기 등이 있다. 수입품을 변형시키는 행위는 온대 유럽의 엘리트가 자신의 지위와 정체성을 표현하는 데에 있어서 지중해 지역의 이미지를 새로운 방식으로 사용하게 되었음을 보여주는 신호라는 점에서 매우 중요하다. 기원전 4세기 초부터 지중해 북부에서는 그리스와 에트루리아산 수입품의 양이 훨씬 줄어든다. 수입품의 감소는 이베리아에서 중·서부 유럽, 우크라이나 동부 및 우랄지역에 이르기까지 온대 유럽 전역에서 뚜렷하게 나타난다. 여기에서 논의의 요점은 이러한 수입품의 감소가 적어도 부분적으로는 온대 유럽의 엘리트가 자신의 정체성을 구현하는 데에 수입품을 덜 중요하게 생각하게 됐음을 보여주고 있다는 점이다. 엘리트의 장례식에서 수입품을 완전히 대체하는 상황은 독일 헤세(Hesse)지역의 글라우베르크 무덤군에서 뚜렷하게 나타난다.

　최근에 진행된 글라우베르크 유적 발굴은 초기 라텐 무덤에서 정체성을 표현하는 방식의 변화에 대해 알아 볼 수 있는 유익한 자료를 제공해주었다. 후장된 많은 무덤이 19세기에 발견되었는데, 이런 경우는 제대로 발굴이 이루어지지 않아서 부장품의 위치나 지상 기념물에 대한 신뢰할 만한 정보가 거의 없다. 그러나 글라우베르크의 경우는 두 기의 무덤이 있는 마운드의 발굴뿐만 아니라 항공탐사, 지구물리학적 탐사 및 봉분 주변 경관에 대한 광범위하고 지속적인 조사가 이루어졌다.

1988년 항공탐사를 통해 성벽으로 둘러싸 요새화된 언덕 꼭대기 바로 아래 농경지에서 묘역의 봉토 주변에 흔히 있는 둥근 주구의 흔적을 발견했다. 봉토는 직경 48m, 높이 약 6m이고, 주구는 너비 10m, 깊이 3.7m 이상의 규모다. 1994년과 1995년에 봉토를 발굴하는 과정에서 두 기의 무덤을 발견하였는데 모두 초기 라텐 시기에 해당한다. 무덤 1은 적석 아래에 목곽이 있는 형태로 30세가량의 남성 인골이 출토됐으며, 머리를 남쪽에 두고 바로 눕혀 묻은 형태이다. 부장품으로는 무기류, 금장식류, 청동잔 등이 출토됐다. 무기는 청동칼집에 든 철제 장검 한 점, 철제 긴 창 두 점, 방패 한 점이다. 금장식으로는 정교하게 제작한 금제 링 목걸이를 비롯해 피장자의 오른쪽 팔목의 금팔찌, 오른쪽 손가락에 끼어진 금반지, 머리 가까이서 발견된 금제 작은 링 두 점이다. 예쁘게 장식된 재지산 청동 주전자도 부장되어 있었다. 동물문양으로 장식된 청동 피불라 브로치 한 점, 장식이 없는 청동 피불라 브로치 두 점, 청동 벨트 고리 등도 출토됐다. 무덤 2의 경우 목관 안에서 화장한 잔해와 함께 청동으로 장식한 철제 칼집 및 철제 장검, 튜브 주둥이가 달려 있는 청동 그릇, 청동 피불라 브로치, 청동 벨트 고리가 출토됐다.

두 기의 무덤에 모두 장검과 장식된 청동제 그릇이 부장되어 있다는 점, 특히 무덤 1에 완전한 무기 세트와 금 장식이 있다는 것은 이 무덤이 매우 화려하게 부장된 대규모의 초기 라텐 무덤에 속한다는 것을 말해준다. 무덤 1은 '엘리트 전사'에 관한 주목할 만한 사례이다. 이 부류에 속하는 무덤의 차이는 바퀴 달린 수레나 지중해로부터 수입된 그릇의 부재(不在)로 설명할 수 있다. 인물 장식이 풍부하다는 점도 특기할 만하다. 두 점의 청동 그릇은 청동으로 주조한 동물과 인물의 형상으로 정교하게 장식되어 있으며, 무덤 1에서 출토된 동물 장식이 있는 피불라 브로치는 장신구 가운데 대표적인 사례이다.

지위와 신분을 표현한 무덤의 부장품들은 매장이 끝나면 집단의 시선에서 사라지고 기억 속 남게 된다. 그러나 글라우베르크 복합 유적에는 문화경관의 지표면에서 볼 수 있는 두 개의 기념비적인 표식이 남아 있다. 봉토 북서쪽 발굴 중 봉토가 복잡하게 구조화된 경관의 일부임을 나타내는 주구와 기둥구멍이 드러났다.(그림 10) 또한 봉토 정서쪽의 주구 바닥에 서로 인접해 있는 세 개의 큰 기둥구멍 바로 옆에서 토착계의 사암으로 만들어진 실물 크기의 남성 조각상이 발견됐는데, 히르슐란덴(Hirschlanden) 유적의 것과 같이 발목 부분이 깨져 없어졌다.(98쪽의 그림 2 참조) 빅스 유적의 석상에 묘사된 장식이 여성 무덤의 부장품과 딱 맞아 떨어진 것처럼 이 석상의 모습도 무덤 1의 출토품과 서로 들어맞는다.(2장 참조) 글라우베르크 석상에 묘사된 링 목걸이는 무덤에서 출토된 링 목걸이와 유사하다. 무장을 한 모습을 보면 석상은 오른쪽에 장검을 찼고 앞쪽에 방패를 잡고 있다. 오른쪽 팔목에는 팔찌를, 오른쪽 손가락에는 반지를 끼고 있는데 모두 무덤 1에서 출토된 것과 같은 것이다. 석상의 왼쪽 위 팔에 세 개의 팔찌 장식이 있다. 이와 같이 석상에 묘사된 세부 모습은 봉토와 봉토에 딸린 여러 시설이 무덤 1의 피장자인 남성을 기념비적인 석상으로 표현하였음을 보여준다.

이 석상 근처에서 석상 세 개체에 해당하는 127개의 조각들이 발견됐는데 크기와 제작기술 면에서 유사한 것들이다. 이와 같은 4기의 실물크기 석상과 대형 기둥구멍의 배열이 보여주는 조합은 무덤과 관련하여 특정한 종류의 제의구역이 봉토 옆에 만들어졌음을 시사한다. 글라우베르크 유적에 대한 분석을 제2장에서 다룬 빅스 유적의 환호 자료와 비교할 필요가 있다.(111쪽의 그림 4) 즉, 후장 무덤은 지위나 신분의 정체성이 만들어지고

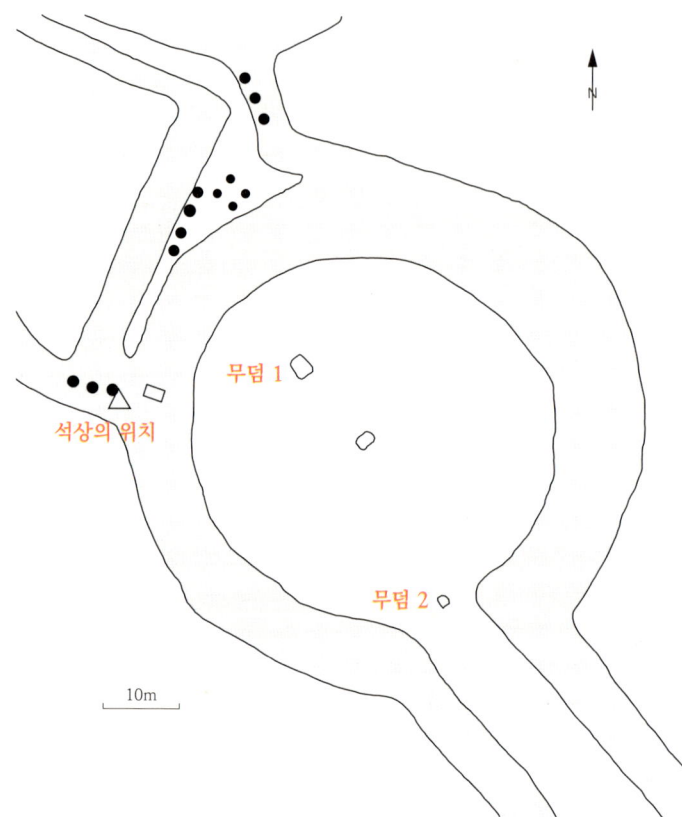

그림 10. 글라우베르크 유적의 봉분과 주변 상황을 보여주는 도면

회색 음영은 주구와 수혈을 나타낸다. 봉분의 중앙에 빈 수혈이 있다. 무덤 1과 무덤 2는 봉분의 서로 반대되는 곳 가장자리에 있다. 봉분을 둘러싼 주구는 봉토와 길게 난 길의 북서쪽에 복잡한 형태를 이루고 있는 주구와 연결되어 있다. 주구 내부와 주구 사이의 지표에 있는 기둥구멍들은 구조물이 있었음을 보여준다. 무장을 한 실물크기의 남성 석상은 이 책의 표지에 있는 사진인데, 봉토 정서쪽에 있는 세 개의 대형 기둥구멍 열 바로 옆 주구 복합체에서 발견됐다. 삼각형으로 표시된 곳이 석상의 위치이다. 이와 유사한 석상 잔해들이 이 석상 부근에서 발견됐다. 삼각형 오른쪽에 표시한 사각형이 주구 바닥에서 발견된 빈 수혈이다. 도면의 기둥구멍은 실제 크기보다 크게 그려진 것이다.

재확인되고 표현되는 제의에서 특정한 역할을 담당했던 복잡한 문화경관의 일부였다는 것이다. 또한 글라우베르크 유적의 발견은 히르슐란덴 석상(98쪽의 그림 2)에 대한 해석에 의문을 갖게 한다. 글라우베르크 석상과 히르슐란덴 석상은 대체로 크기가 같은데, 두 경우 모두 팔꿈치 부분이 깨져 있고 봉토 아래 부분에서 발견됐다. 앞의 그림 3에 복원된 것과 같이 이 석상들은 애초에는 봉토 꼭대기에 세워져 있었을까? 아니면 봉토 바로 아래 특정한 장소에 세워져 있었을까? 혹은 비슷한 석상들이 두 곳의 매장복합체에서 서로 다른 방식으로 배치되었던 것일까?

다른 석상 조각들과 마찬가지로 글라우베르크 석상은 특정 개인을 그린 초상화로서의 성격을 갖고 있지 않다. 라텐 금속공예품에 묘사된 사람 얼굴과 마찬가지로 이러한 추상화된 표현은 인간에 대한 생각을 보여주는 것이지 특정 개인의 모습을 나타낸 것은 아니다. 그러나 무덤 1의 피장자와 석상에서 보이는 장식 및 무기의 유사성은 석상이 피장자를 표현하고자 했음을 말해주고 있다.

끝으로, 봉분은 정교하게 건축된 대규모 경관의 일부임을 살필 필요가 있다. 봉토에서 서남쪽으로 40m 떨어진 곳에 대략 9×9m 되는 직사각형의 주구가 있다. 이 주구의 기능은 분명하지 않다. 봉토에서 남쪽으로 250m가량 떨어진 곳에 또 다른 작은 봉토가 있는데, 이곳에서도 무기류, 금제 링, 장식 피불라 브로치가 부장된 무덤 주체부가 발견됐다. 대형 봉분에서 동남쪽 방향으로 주구가 확장되어 있는데 너비 7m의 구상(溝狀)으로 두 기가 나란히 나 있어 너비 약 10m의 도로를 조성하고 있으며(그림 10의 오른쪽 아래 모서리 부분) 350m가량 되는 부분에서 서쪽 주구는 서쪽으로 꺾여 있고, 동쪽 주구는 동쪽으로 완만하게 꺾여 있다. 주구의 깊이는 무려 2.8m로, 이러한 경관적 형세가 매우 인상적으로 남았을 것이다. 이 도로가 어떻게 사용되었는지, 즉 한 사람 혹은 두 사람 모두의 매장을 위한 것인지, 아니면 반복적인 제의를 위한 것인지, 용도는 명확하지 않다. 중요한 것은 기념비적인 장례 경관을 만드는데 소요된 인적 에너지 비용과 피장자의 지위를 표시하는 데에 부여된 영속성 및 높은 가시성이다. 엘리트의 신분 과시에 재지산 상품이 수입품을 대체했다는 사실은 후대의 후장 무덤과 관련해 몽 라수아(Mont Lassois) 및 호이네부르크(Heuneburg) 유적과 같은 상업 중심지가 없는 이유를 이해하는 데에 도움이 된다. 중심지가 주로 정치적으로 중요한 수입품의 공급을 보장하기 위해 지중해 세계로 수출할 상품을 – 수집이든 제작이든 모두 – 만들어내는 역할을 했다면 이러한 수입품의 사회적 중요도의 감소로 인해 중심지가 필요없게 됐을 것이다.

라텐양식의 확산

화려한 부장품, 목곽, 거대한 규모의 봉토를 조성하는 매장 관행은 기원전 400년 이후부터 감소했으며 이후에 등장하는 평토장 무덤은 부장품에서 훨씬 더 차별화된 부의 분배를 보여준다. 기원전 4세기와 기원전 3세기에 라텐 스타일은 서쪽으로는 라인란트 중부와 프랑스 동부로부터 포르투갈에 이르기까지, 동쪽으로는 우크라이나, 남쪽으로는 이탈리아, 북쪽으로는 영국 본토와 스웨덴에 이르기까지 전 유럽에 걸쳐 폭넓게 확산됐다. 이 새로운 양식의 확산은 중서부 유럽에 있는 작은 그룹의 후장 무덤에서 시작되어 온대 유럽 대부분 지역에 걸쳐 널리 퍼진 현상으로, 정체성 문제에 중요한 함의를 가진 놀라운 변화이다. 라텐양식의 전파가 '켈트족의 확산'을 나타낸다는 주장은 더 이상 받아들여지지 않지만 이 양식의 광범위한 채택은 분명히 어느 정도 수준에서 공유된 정체성이 형성되고 있었음을 의미한다. 라텐양식은 온대 중부 유럽 전역에서 보편화 되었으며 개인 장신구, 무기, 토기에 응용되어 그 소유자를 남쪽으로는 지중해 연안의 사람들과, 북쪽으로는 북유럽 평원의 사람들과 구별해주고 있다. 온대 유럽의 많은 지역에서 증가한 이러한 균질성은 여러 관행에서도 뚜렷하게 나타난다.

로렌츠(Lorenz)는 프랑스 중부에서 트란실바니아(Transylvania) 일대에 분포하는 초기 라텐(약 기원전 475~300/250년) 무덤군(앞에서 다룬 이 시기의 후장 무덤 제외)에 대한 연구를 통해 매장 관행이 놀라울 정도로 유사하다는 것을 보여주었다. 구덩이를 파고 시신을 곧게 눕힌 매장이 가장 많았다. 부장품은 반지, 화려하게 제작된 목걸이류, 위팔과 아래팔 및 다리에 차는 장식류, 피불라 브로치류, 긴 창과 검 위주의 무기류, 토기류 위주가 대부분이다. 로렌츠는 이러한 균질성 내에서 무덤의 방향, 부장품의 특정한 조합, 라텐양식에서 보이는 작은 차이를 기초로 하여 지역군을 구분했다. 매장 관행과 장식에서 나타나는 이러한 균질성은 지역 특유의 철기시대 양식으로부터의 변화를 나타낸다.(제2장 참조)

로렌츠는 중기 라텐(기원전 300/250~150) 시기의 부장품에서 장검의 수량이 늘어나고 피불라 브로치의 부장이 훨씬 보편화된다는 사실을 알아냈다. 유약 상감과 말머리 대구(帶鉤)로 장식된 청동 링크 벨트(bronze link belt)의 부장은 여성의 무덤에서 보이는 공통적인 특징이다. 온대 중부 유럽 전역에서 발굴된 수백 기의 무덤은 비슷한 모양의 무덤 구덩이, 관 또는 매장 판재, 피불라 브로치·링 목걸이·위팔 장식 링·반지·대구·링크 벨트·무기류·토기의 조합 등 무덤의 구조와 부장품의 측면에서 매우 유사한 매장 관행을 보이고 있다. 이 무덤들의 부장품에 표현된 라텐 스타일은 유럽 대륙 전역에 걸쳐 서로 비슷하지만 그렇다고 똑같지는 않다. 또한 지역적으로 나타나는 차이는 광범위한 이주의 결과가 아니라 차용하고 적용하고 공유한 결과임을 확실히 보여준다. 예를 들면 폴란드 남부의 이바노비체(Iwanowice) 유적의 한 묘역에서 무덤 두 기가 조사됐는데 보즈냑(Woźniak)은 무기류의 조합은 라텐문화 분포권에서 출토되는 것과 같지만 부장품의 장식은 수입이나 이주를 통해 도입된 것이 아니라 토착 재지의 것임을 보여주었다. 훨씬 동쪽의 불가리아, 루마니아, 몰도바, 우크라이나에서 발견된 라텐 스타일의 유물도 마찬가지이다.

위의 지역에 분포하는 무덤을 대상으로 부와 지위의 정도를 분석해보면 어느 집단이 부유하고 어느 집단이 빈곤한지, 또는 어느 집단의 지위가 높거나 낮은지를 구분해 주는 분명한 기준을 발견할 수 없다. 대신 후장 무덤에는 다양한 변화가 있다. 무기류는 남성의 무덤에 공통적인데, 이는 많은 남성에게 군사 활동이 그 이전보다 훨씬 중요했음을 보여준다.

매우 화려하게 장식된 라텐 스타일은 대부분 라텐 스타일이 분포하는 권역 가장자리에서 발견된다. 온대 유럽 사람이 자신을 북부 및 남부의 이웃과 구별하기 위한 표식으로 라텐 스타일을 사용했다면, 라텐 권역(La Tène Zone)의 주변에서 발견되는 이러한 사례들은, 숫자가 훨씬 많아진 외부인들에 의해 자신들의 정체성이 위협받고 있다고 느끼는 환경 하에 생활한 집단의 구성원들에게서 자주 관찰되는 현상을 의미하는 것일 수 있다. 이러한 현상은 기원전 4세기와 기원전 3세기, 유럽에서 라텐 장식 분포권의 서쪽과 남쪽 및 동쪽 경계에서 발견된 네 점의 화려한 투구로 설명된다. 유럽 서부에서 발견된 두 점의 사례, 즉 프랑스 서남부 아그리(Agris) 유적의 동굴 퇴적과 암프레빌(Amfreville) 지역의 센강 유역에서 나온 출토품은 출토 맥락상 제사 관련 퇴적임을 시사하며, 시기는 기원전 4세기 후반대로 편년된다.

그림 11. 청동을 입힌 코랄 상감 철제 투구

남부 이탈리아 카노사 디 풀리아(Canosa di Puglia) 유적에서 출토됐다. 이 투구는 애초에 일부가 금으로 입혀졌던 것으로 라텐 스타일의 이색적이고 화려한 장식을 보여준다. 투구의 높이는 25㎝이다.

지역 간 정체성의 형성

남부 이탈리아 카노사에서 출토된 투구(그림 11)도 이와 같은 시기로 편년되는 무덤에 부장된 무기 복합체 중 하나이다. 루마니아 치우메슈티(Ciumeşti)에서 출토된 철제 투구는 움직일 있도록 만든 날개 달린 독특한 청동 맹금류로 장식되어 있었는데 이 투구도 무기 복합체의 일부였으며, 시기는 기원전 3세기로 편년된다.

공공의 제의

무덤과 관련된 고고학적 맥락에서 볼 때 기원전 4세기부터 유럽 전역에서 여러 집단들은 이전보다 훨씬 많은 규모의 물품을 매납하기 시작했다. 제사 매납의 증거는 후기 청동기시대에도 많지만 규모 면에서 보면 대부분 보통 수준의 부장품에 불과하며 연못, 호수, 늪지, 강, 동굴, 절벽 아래, 폐기된 우물 등과 같은 자연 그대로의 장소에 조성된 것이다. 초기 철기시대가 되면 빅스 유적(2장 참조)과 같은 직사각형의 주구와 체코의 자비스트(Závist) 힐탑 유적과 같이, 제의를 위한 장소가 처음으로 체계적인 구조물로 만들어진다. 이와 같은 구조물의 규모는 기원전 4세기와 기원전 3세기에 변화한다.

프랑스 북부 구르네-쉬르-아롱드(Gournay-sur-Aronde) 유적의 환호는 새로운 개념의 제의 장소를 보여준다. 발굴자인 브루노(Brunaux)는 이 유적이 기원전 4세기부터 사용되기 시작하여 시기별로 많은 구조적인 변화를 보이면서 철기시대 전 시기와 갈리아-로마 시대로 진입한 이후까지 유지된 것으로 보았다. 환호로 둘러진 공간은 45×38m이다. 동쪽 중앙에 출입구가 있다. 환호 안의 구상유구와 수혈은 소와 같은 동물, 토기, 무기를 비롯한 많은 양의 물건을 매납하기 위해 사용됐다. 발굴자는 구르네 제사유적이 많은 사람들을 수용하고 반복적으로 사용하기 위해 의도적으로 조성된 것으로 보고 있다.

또한 철기시대 말에(제5장 참조) 많이 확인되었던 상당한 양의 금속 장신구 매납도 기원전 4세기부터는 잘 보존된 채로 발굴되기도 한다. 한 가지 예로 보헤미아의 프라하에서 북서쪽으로 약 80㎞ 떨어진 두흐초프(Duchcov) 유적의 출토품을 들 수 있다. 1882년 샘을 수리하는 작업 중 인부들이 2,500점 이상의 청동 보석류가 들어 있는 청동 솥을 발견했다. 이 솥에는 피불라 브로치가 주로 들어 있었지만 팔찌와 다른 장신구들도 있었으며, 모두 기원전 4세기 말의 것이었다.

기원전 4세기는 북유럽에서 제사 매납에 대한 조사가 늘어난 시기이기도 하다. 덴마크 알스섬의 요르트스프링(Hjortspring) 유적에는 뱃사공 20명을 태울 수 있는 길이 19m 규모의 나무배가 작은 연못에 돌로 가라앉혀 매납되어 있었다. 이 나무배는 상당한 규모의 군사 장비를 갖추고 있었으며 다수의 동물뼈가 들어 있었다. 함께 출토된 유물 가운데에는 철제 장검 11점, 창 169점, 목제 방패 50점 이상, 작은 쇠사슬을 엮어서 만든 체인 갑옷 몇 세트가 있었다. 이와 유사한 형태의 매납은 이로부터 몇 세기 후인 로마 철기시대 유적에서도 발견됐다. 즉 요르트스프링 유적의 출토품은 이러한 제사 관행이 기원전 4세기에 시작됐음을 보여준다.

다른 종류의 매납으로는 불가리아 서북부의 로고존(Rogozon) 유적에서 발견된 165점의 은제 그릇이 있다. 사발 108점, 주전자 54점, 비커 3점 등으로 모두 지중해에서 제의에 사용된 것들이다. 일부 유물은 제의와 직접 관계된 그리스 문자가 새겨져 있기도 하고, 다수는 종교적인 의식 행위로 생각되는 모습이 그려져 있다.

같은 시기 대규모 쿠르간이 분포하는 동유럽에도 집단의 정체성을 나타내는 데에 중요한 상징물의 정교한 처리나 연회 등과 같은 제의활동을 보여주는 많은 증거가 있다. 필리포브카 유적의 쿠르간 1은 약 8m 높이의 120×103m 규모로서 우랄해에 인접한 봉토 무덤 컴플레스의 일부분이다. 대부분의 쿠르간과 마찬가지로 통나무로 지어진 무덤 중앙부가 도굴당하기는 하였으나, 1987년과 1988년 발굴에서 매장행위의 일부로 제의를 살펴 볼 수 있는 중요한 자료가 발견됐다. 즉, 금박을 입힌 높이 50㎝가량의 목제 수사슴 조각상 5점이 묘실로 들어가는 입구 왼쪽에 놓여 있었다. 입구 오른쪽에는 금 상감된 철제 유물 4점과 유리로 장식된 금제 원판 4점이 놓여 있었다. 중앙 묘실 바로 서쪽에서 제사에 사용된 것으로 보이는 물건이 들어 있는 두 개의 수혈이 발견됐다. 그중 하나에는 높이 42㎝에 금과 은을 입힌 목제 수사슴 조각상 3점, 금장식이 덧붙여진 목제 그릇이 들어 있었다. 또 다른 하나에는 높이 40~50㎝에 금과 은을 입힌 수사슴 조각상 9점이 그릇류 및 금·은 장신구들과 함께 출토됐다. 이 물건들은 분명히 장례 의식에 참석한 사람들이 볼 수 있도록 의도된 것이다.

구르네, 두흐초프, 요르트스프링, 로고존, 필리포브카 등의 유적은 기원전 4세기 제의와 관련되어 서로 다른 매납 양상을 보여주는 다섯 가지의 사례들이다. 각각의 사례에서 볼 수 있는 바와 같이 구조물의 규모, 출토 유물의 특징 및 수량은 이 시기의 제의가 이전 시기의 평이했던 제의와는 달리 대규모의 공공 행사였음을 잘 보여주고 있다. 샬롯 파베크(Charlotte Fabech)가

덴마크의 제의 연구에서 보여준 바와 같이 제사유적의 성격이 크게 바뀌었다는 것은 사회 구성원들이 자신을 바라보는 방식에 근본적인 변화가 있었음을 나타낸다.

제4장

타자에 대한 묘사
: 최초의 기록

　온대 유럽에서 생활한 주민들을 종족으로 구분하고 이름을 부여한 최초의 기록은 기원전 6세기와 기원전 5세기 그리스 문헌에 나타난다. 그러나 문헌 기록의 의미가 명확하지 않기 때문에 이것을 연구자료로 활용할 때에는 종족성과 정체성에 관한 당시 그리스인의 개념을 고려해서 검토해야 한다. 이와 마찬가지로 '켈트족의 이주'를 기록하고 특정 유형의 사회를 '켈트족'으로 묘사한 후대의 문헌도 역사와 전통 및 다른 종족의 표현에 대한 그리스·로마인의 관점이라는 측면에서 이해할 필요가 있다.

최초의 명명이 갖는 맥락과 의미

'켈트(Celt)'라는 명칭은 '켈토이(Keltoi)'라는 용어로 기원전 6세기에 작성된 그리스 문헌에 처음 등장하며, 현재의 프랑스 남부에 거주했던 사람을 가리켰다. 이 이름이 처음 언급된 것은 소아시아 고대 도시 밀레투스(Miletus)의 헤카테우스(Hecataeus)가 그리스의 개척지인 마살리아(Massalia) 주변에 살고 있는 집단들에 관하여 서술한 부분에 나온다. 또한 이 이름은 4세기 저술가인 아비에누스(Avienus)의 기행문에도 등장한다. 기원전 5세기에 헤로도토스(Herodotus)는 켈트족이 유럽의 가장 서쪽에 있는 것으로 기술했고 다뉴브강의 상류가 이들의 땅에 속한다고 언급했다.

동쪽 지역의 경우는 그리스 주석가들이 기원전 7세기 초에 '스키타이(Skythai)'라는 이름을 붙였는데, 처음에는 소아시아에, 나중에는 흑해 이북의 지역에 있었던 것으로 기술했다. 그리스인들이 스키타이족이라고 명명한 집단은 초기 이란 문헌에 '사카(Saka)'로 기록된 집단, 그리고 아시리아 문헌에 '아슈구자이(Ashguzai)'라고 기록된 집단과 동일한 주민들이다. 또한 그리스 문헌에는 유럽의 다른 지역에 거주하고 있던 사람들을 트라키아족(Thracians), 일리리아족(Illyrians), 이베리아족(Iberians)이라고 명명한 기록이 나오지만 이 책에서는 이들에 대해 다루지 않기로 한다.

켈토이나 스키타이라는 이름의 기원에 대해서는 알 수 없다. 그리스 저술가들이 이 이름을 어떻게 알게 됐는지도 분명하지 않다. 켈토이라는 이름은 헤로도토스와 다른 그리스 저술가들이 거의 알려지지 않은 서유럽에 거주한 집단을 가리키기 위해 사용했다. 그렇게 호명된 모든 사람들은 분명히 자신들이 하나의 이름으로 식별될 수 있는 동일한 집단에 속한다고 느끼지는 않았을 것이다. 고고학적 증거를 문헌기록과 종합하여 이해하려는 노력과 함께 아래와 같은 최근의 다소 비교 가능한 사례를 통해 주민에 대한 최초의 명명이 갖는 의미가 가장 잘 전달될 수 있을 것이다.

콜럼버스가 1492년 카리브해의 산살바도르(San Salvador)섬에 상륙했을 때, 그는 자신이 만난 토착주민들을 '인디언'이라고 불렀다. 잘 알려졌다시피 이 이름은 토착주민이 자신을 이해하는 방식과는 전혀 상관이 없었고, 오히려 아시아를 향해 서쪽으로 가는 길을 발견하고자 한 콜럼버스의 염원을 반영하고 있다. 인디언이라는 이름은 콜럼버스의 고향과 유럽 전역에서 널리 받아들여졌고, 콜럼버스가 처음으로 조우했던 지역과 북아메리카 및 남아메리카의 모든 지역에서 토착민을 의미하게 됐다. 이 이름을 콜럼버스가 사용한 것이지만 이에 대한 일반화된 적용은 아메리카 전역의 언어, 종교, 경제, 사회조직, 정치체제, 물질문화 등에서의 다양성을 반영하지 못한 것이었다. 초기 철기시대의 유럽 고고학에서 알 수 있듯이, 이와 유사하게 그리스인이 처음에 서유럽에 사는 사람들을 켈토이라는 이름으로 호명한 것도 서로 다른 양식의 물질문화를 영유하고 상호 구별되는 많은 집단들을 균질한 집단으로 인식하게 만드는 결과를 낳았다.(제2장 참조)

'인디언'이라는 이름이 콜럼버스의 잘못된 지리 적용으로 인해 세계적으로 일반화가 되어 버린 것과 마찬가지로 '켈트'라는 이름도 그리스인, 나중에는 로마인의 머릿속에 고정된 개념으로 자리잡게 됐다. 이보다 다소 늦게 등장하는 갈리아와 갈라티아(Galatia)라는 명칭도 마찬가지이다. 이 세 개의 용어는 모두 비슷한 의미를 지녔지만 어떤 상황에서는 둘 중 하나가 사용되는 경향이 있었다. 기원전 6~5세기에 처음 켈트족이라는 이름이 기록된 때부터 기원후 1세기까지 켈트족으로 명명된 종족은 그리스·로마의 지리학자와 철학자 및 지휘관들의 의식에 중요하게 자리잡았다. 가장 이른 시기에 이를 언급한 사람, 예를 들면 헤카테우스, 아비에누스, 헤로도토스는 이들의 특징에 대해 어떠한 정보도 서술해 놓지 않았다. 이들은 단지 그 사람들을 명명하고 대강의 위치를 제시했을 뿐이다.(헤로도토스는 자신이 스키타이족이라고 부른 사람들에 대해 다소 자세히 묘사해 놓음) 한참 후인 기원전 4세기부터 켈트족이라고 불리는 사람들에 대한 설명과 그림으로 된 표현이 등장한다. 그러나 후대의 그리스·로마 주석가들과 현대 연구자들은 기원전 6~5세기 집단과 그리스·로마인이 정기적으로 접촉했던 후대의 켈트족 및 갈리아족 사이의 연속성을 떠올린다. 초기 그리스 주석가들이 켈트족이라고 명명한 종족들과 같은 이름으로 기록된 후대의 민족들을 연결시키는 것은 고대와 현대의 연구자들이 철기시대 유럽인들의 변화 과정을 이해하는데 걸림돌이 되는 고정 관념을 양산했다.

그리스인의 종족에 대한 개념

'서쪽의 켈트족'과 '동쪽의 스키타이족'이라는 초창기의 명명이 갖는 맥락을 알아보기 위해서는 그리스인이 다른 종족을 어떻게 생각했는지 간략하게 살펴볼 필요가 있다. 헤카테우스와 헤로도토스는 무슨 의미로 켈트족이라는 이름을 사용했는가? 집단의 정체성에 대한 그들의 개념은 무엇이었는가? 고전 인류학에서 종족의 특징은 집단의 모든 구성원들이 언어, 종교, 가계 구조, 물질문화를 공유한다고 생각했다. 그러나 헤카테우스와 헤로도토스가 어느 정도를 포괄하고 구분해냈는지는 알 수 없다. 그들은 켈트족을 갈리아 남부, 대서양 연안을 따라, 다뉴브강 상류 주변에 있는 지역 집단으로 생각했을까? 혹은 서유럽과 중부 유럽 전역에 광범위하게 퍼져있다고 생각했을까? 문헌에는 이에 대한 단서가 없다.

고고학자들은 헤로도토스의 주장을 근거로 하여 기원전 5세기에 다뉴브강 상류 일대에서 생활했던 주민을 켈트족이라는 이름과 연결시켰다. 그 결과 서쪽의 할슈타트 성격의 물질문화와 (또는 심지어 모든 할슈타트 스타일의 물질문화까지) 초기 라텐 스타일의 물질문화를 발전시킨 집단이 모두 켈트족이라는 생각이 일반적으로 받아들여지게 됐다. 그러나 이것은 타당하지 않다. 왜냐하면 헤로도토스는 자신의 종족 개념이나 귀속의 근거 또는 켈트족과 다른 집단 간의 경계에 대한 어떠한 정보도 기록해 놓지 않았기 때문이다. 따라서 헤카테우스와 헤로도토스의 명명은 철기시대 유럽인들의 정체성에 대한 유용한 정보를 제공해 주지 못한다. 이들의 명명이 말해주는 것은 그리스인 자신들이 잘 알고 있는 지역의 북쪽과 서쪽 세계를 어떻게 인지했는가에 대한 것일 뿐이다. 또한 기원전 6~5세기 그리스인이 유럽의 비(非)그리스 종족에 대해 점점 더 많이 인지하게 되었고, 그 종족들의 위치를 표시할 범주와 그들을 부를 이름을 설정하기 위해 노력했다는 것을 알려줄 뿐이다.

이 시기, 즉 기원전 6~5세기에 우리가 현재 그리스인으로 알고 있는 사람들은 '그리스인'으로서의 자신들의 정체성에 대한 관념을 구성하기 시작했다. 이것은 이 책의 범위를 넘어서는 하나의 연구 프로젝트로 그리스와 주변 지역의 특수한 역사적 변화의 맥락에서 검토해야 하는 작업이다. 롬(Romm)이 지적한 바와 같이 기원전 6세기 이전의 문헌에는 그리스인(헬레네 : Hellenes)이나 비그리스인(바르바로이 : barbaroi)에 대한 통칭이 사용되지 않았다. 기원전 6~5세기에 우리가 그리스인이라고 생각하는 사람들은 타자에 대한 자신들의 집단적 정체성이라는 개념을 만들기 시작했다. 타자를 의식한 그리스식에 대한 관념에서의 이러한 변화는 부분적으로 지중해와 흑해 연안에 새로운 개척도시를 건설하는 '그리스 개척지화'의 맥락에서 발생했다. 그리고 이 과정은 그리스어를 사용하는 사람들이 자신들의 언어나 문화의 여러 측면을 공유하지 않는 사람들과 점점 더 많은 정기적 상호작용을 하게 만들었다. 헬(Hall)과 여러 연구자들은 페르시아 전쟁(기원전 480~479)을 그리스인들이 다른 사람들에 비추어 자신들의 정체성을 만들게 된 중요한 사건으로 간주하고 있다. 전쟁으로 인한 자치권의 위협은, 서로를 다르다고 생각하고 적으로 여기던 도시국가들로 하여금 공공의 적과 맞서기 위해 결합하게 했고, 이 과정에서 통일된 정체성으로서의 '그리스인'이라는 개념을 만들어냈다. 페르시아와의 전쟁이라는 맥락에서 그리스인은 처음으로 그리스인과는 다른 방식으로 사는 사람들이라는 뜻의 '바바리안(barbarian)'이라는 개념을 만들어 사용했다. 따라서 켈트족과 스키타이족에 대한 언급은 문헌의 저술가 및 저술가가 속한 사회가 자신과 다른 사람들 사이의 차이를 개념화하는 초기 단계에 시작된 것이다.

헤카테우스, 아비에누스, 헤로도토스 및 기타 그리스 저술들이 초기 철기시대 유럽의 종족을 명명하는 데에 있어 가장 중요한 점은 그리스의 서쪽, 북쪽, 동쪽에 살고 있는 사람들을 그리스인의 사고방식으로 호명하고 범주화를 했다는 사실이다. 켈트, 스키타이 그리고 타자라는 용어는 이후 몇 세기에 걸쳐 구체화되고 발전됐다. 초기 철기시대 유럽에는 토착 주민들이 자신들을 가리키는 그리스어의 명칭을 알고 있었다거나 어떤 식으로든 반응했다는 증거가 없다. 나중에야 이러한 상황이 바뀌었다.

문헌과 이주

기원전 4~3세기의 상황을 작성한 그리스·로마 기록문서는 대부분 수 세기 후에 쓰여진 것으로 저술가들이 켈트족이라고 부른 사람들에 대해 좀 더 많은 정보를 제공해준다. 일반적인 의미에서 이 사람들이 유럽의 서부와 중부에 거주했다고 여겨졌다는 것말고는 헤로도토스 및 선대의 저술가들이 켈트족이라고 지칭한 사람들과 어떻게 관련되어 있는지는 알기 어렵다. 최근의 유사한 역사적 상황을 고려해보면 그리스·로마 저술가들이 유럽의 서부와 중부 내륙으로부터 이주해 온 어떤 토착 주민이나 집단을 가리키기 위해 켈트족이라는 이름을 사용했을 가능성이 크다. 지중해 사회가 지중해 연안의 북쪽에 있었던 집단에 대해 많은 것을 알고 있었다는 확실한 증거는 없다.

켈트족의 중요한 활동 중 하나는 기원전 387년 로마를 약탈한 사건으로서, 알프스 산맥을 넘어 남쪽의 이탈리아 북부로 이동하여 포 평원(Po Plain)에 있는 에트루리아 도시들과 전투를 벌인 일이다. 이 전쟁은 4세기 후에 로마의 역사학자 리비(Livy)에 의해 가장 자세히 기록됐다. 상당히 극적이고 구체적으로 표현한 리비의 기록은 로마의 전통과 자아에 중요한 테마를 전달하기 위해 작성된 문학적 산물임을 고려할 필요가 있다. 리비의 저술 목적은 주로 기원전 1세기 당시에 로마가 어떻게 세워졌는지 대중을 가르치는 것이었다. 전쟁이 일어났다는 사실은 의심의 여지가 없지만 리비의 표현에는 확실히 상상에 의해 윤색된 부분이 적지 않다. 리비 이야기의 본질은 로마가 취약했고, 북쪽에는 위험한 적들이 도사리고 있었으므로 전통적인 로마 가치의 유지만이 가장 곤궁한 시기에 도시를 구할 수 있다는 것이었다. 이 메시지는 기원전 수십 년 동안 아우구스투스의 시대적 요구에 맞추어진 것이었다.

기원전 2세기의 폴리비우스(Polybius)와 기원후 1세기 중반의 플리니우스(Plinyus)도 알프스 북쪽에서 이탈리아로 이주한 켈트족에 관한 기록을 남겼다. 폴리비우스는 치살피나 갈리아(Cisalpine Gauls)라는 사회의 성격을 매우 자세히 묘사했는데, 현재 복원되어 알려진 켈트족의 생활은 대부분 그의 묘사와 설명에 기초해 있다. 그러나 이러한 일반화는 몇 가지 점에서 문제가 있다. 첫째, 비록 폴리비우스가 이탈리아에서 많은 시간을 보냈지만 북부 이탈리아의 켈트족에 대한 그의 설명은 여전히 외부인의 관점에서 작성한 것이라는 점이다. 두 번째, 많은 발굴조사에도 불구하고 문헌 기록과 부합하는 정도로 알프스 북쪽에서 이탈리아 북부로 대규모의 주민이 이동했음을 보여주는 고고학 자료가 없다는 점이다. 이 책 제2장과 제3장의 이동성에 대한 논의에서 알 수 있듯이 알프스를 가로지르는 인구 이동은 수 세기에 걸쳐 산발적으로 발생했을 가능성이 더 크다. 어떤 경우에는 비교적 큰 규모의 이동이 이탈리아 주석가들의 관심을 끌어 대규모의 이동으로 기록됐을 수도 있다. 그러나 고고학 자료는 그러한 대규모의 이동을 뒷받침해주지 않는다. 대신 고고학 증거는 제3장에서 논의한 새로운 라텐 스타일의 확산이라는 측면에서 가장 잘 이해될 수 있다. 즉 철기시대에 흔히 있었던 것처럼 확실히 일부 인구 이동이 발생했으나 더 중요한 메커니즘은 새로운 스타일을 채용하고자 한 토착 집단의 열망이었을 것이다.

많은 기록문서에는 기원전 4세기에서 기원전 2세기 지중해 지역 유력자의 군대에 종사한 켈트족 용병의 고용에 관한 내용이 나온다. 기원전 369~368년에는 그리스에서, 그 직후에는 시칠리아에서 싸운 켈트족 용병의 전투에 관한 기록이 있다. 기원전 307년에는 켈트족 전사들이 북부 아프리카의 카르타고 침공에 가담했다는 언급이 있다. 기원전 3세기 초, 알렉산더 대왕이 죽은 후 권력을 놓고 경쟁하는 지역 통치자들을 지원하는 헬레니즘 군대에서는 켈트족 용병에 관한 언급이 더 많아진다. 기원전 277~276년에는 왕권 다툼을 지원하기 위해 한 분대의 켈트군사가 이집트로 파견됐다. 켈트전사는 용맹하고 사납다는 명성을 얻었고, 이들의 전투 참여에 대한 수요도 많아졌다. 다수의 그리스 문헌은 유럽 남동부와 소아시아에도 켈트전사 부대가 있었다고 언급하고 있다. 어떤 문헌은 기원전 279년 아폴로 신의 신전이 있는 델포이의 성소단지가 이들에 의해 약탈당했다고 전한다. 그러나 이러한 약탈행위와 그리스 군대에서의 용병 활동은 주석가에 의해 뚜렷하게 구별되는 것은 아니었을 것이다.

켈트족의 이탈리아 이주 관련 문헌과 마찬가지로 켈트족 용병과 전사에 관한 자료를 다룰 때에도 주의해야 할 부분이 있다. 문헌의 저자들은 고용된 전사와 관련하여 어떤 사람들이 켈트족을 의미하는지 설명해 놓지 않았다는 점이다. 헤로도토스의 예와 같이 이 용어는 단순히 유럽 서부와 중부에서 온

병사들을 가리켰을 가능성이 높다. 이러한 문헌은 그들이 켈트족이라고 부른 전사를 모호하게 묘사해 놓기는 했지만 철기시대 유럽인이 지중해의 대규모 사회에 대해 알게 된 메카니즘을 보여주는 중요한 자료이다. 유럽 전역에서 생활한 사람들은 용병으로서의 개인적 경험을 통해서건 아니면 귀환한 전사들로부터 이야기를 전해들은 것이든 이탈리아, 그리스, 이집트, 북아프리카의 카르타고에 점점 더 익숙해졌고, 자신들이 남쪽 지역의 사람들과 구분되는 철기시대 유럽인으로서 생활방식, 물질문화, 믿음체계를 공유한다는 사실을 인식하게 됐다. 온대 유럽의 고고학 자료에 이러한 새로운 지식의 결과로 야기된 정체성의 변화를 나타내는 지표를 기대해볼 수 있다.

용병으로 종사한 많은 남성이 자신들의 고향으로 돌아갔을 것이다. 그들의 귀환에 대해 두 가지 반응을 추정해 볼 수 있다. 일반적인 여행자와 마찬가지로 일부 용병은 해외에서 획득한 물건을 고향으로 가져오고 자신이 목격한 관습을 채용했을 수 있다. 동시에 그들은 자신이 마주했던 더 넓은 세계와 관련하여 자신의 정체성에 대한 생각을 재구성했을 가능성이 높다.

그리스·로마 저술가들에 의해 켈트족으로 불린 사람들이 자세하고 구체적으로 묘사되기 시작한 것은 기원전 4세기인데, 대부분 호전적인 성격으로 표현된다. 그 결과 현대에 간행된 여러 책에는 켈트족이 전쟁을 좋아하고 분쟁에 쉽게 휩쓸린다는 식의 표현이 많아지게 됐다. 그러나 대부분의 이러한 표현은 이탈리아와 유럽 동남부에서의 군사적 약탈을 기록한 그리스·로마 저술가의 전쟁 묘사라는 맥락에서 도출된 것이다. 기원전 50년내 카이사르 시대가 되어서야 고향에서 생활하고 있는 유럽 내륙의 주민들에 대한 묘사가 이루어지는데 이것도 카이사르가 공격한 집단에 대하여 적은 한 군인의 기록일 뿐이다. 켈트족이 호전적이라는 고정관념은 버려야 한다.

이와 같은 고정관념과 편견은 켈트족에 대한 회화에서도 나타난다. 초기에 작성된 켈트족에 관한 그림은 기원전 400~375년으로 편년되는 이탈리아 남부 에트루리아 출토 스탐노스(stamnos)라 불리는 도기에 표현돼 있다. 도기 겉면에 전투 장면이 있는데 이탈리아 사람들과 싸우고 있는 켈트족을 묘사한 것으로 추정된다. 켈트족을 표현한 또 다른 초기의 그림은 볼로냐(Bologna)의 묘비, 페르가뭄(Pergamum)의 화상석, 죽어가는 갈리아(Dying Gaul)로 알려진 부상입은 전사의 동상과 같이 기본적으로 유사하게 묘사된 군사의 모습이다. 어떤 경우에는 죽어가는 갈리아의 목에 걸린 금속제의 토르크 장식과 일부 전사들의 방패처럼 알프스 북쪽의 고향과 연결되는 사물로 인물을 표현하기도 한다. 그러나 이것 역시 조각가와 대중에게 이 인물들이 야만적인 켈트족을 표현한 전형적인 상징 이상이라고 보이지는 않는다.

그리스인에게 켈트족은 누구였는가

라텐양식과 켈트족과의 연관성을 다룬 책이 많다. 세간에 떠도는 이야기와 많은 학술 저서는 이 둘을 연결시키고 있다. 그러나 기원전 6세기와 기원전 5세기 그리스 저술가들이 켈트족이라는 호칭을 사용한 방식을 고려해보면 라텐양식이 켈트족과 관련이 있다는 주장에는 근거가 없다는 것을 알 수 있다. 켈트족이라는 이름과 기원전 5세기에 제작된 장식 스타일은 직접적으로 연결되지 않은 두 가지의 서로 다른 범주에 속한다.

말콤 채프먼(Malcolm Chapman)은 그리스·로마 문헌이 문제의 소지가 많아 이를 근거로 켈트족의 정체성을 판단할 수 없다는 점을 보여주었다. 문제의 핵심은 헤카테우스, 헤로도토스, 폴리비우스, 카이사르 또는 다른 저술가들이 어떤 집단을 켈트족이라고 했는지 그 당시의 의미를 알 수 없다는 것이다. 즉, 정체성에 대한 그들의 설명 기준을 모른다는 점이다. 저술가들이 켈트족이라는 명칭에 대비되는 다른 범주를 염두에 두었었는지도 알 수 없다. 그리스·로마의 많은 주석가들에게는 켈트족과 갈리아족이 단순히 '북쪽에서 온 야만인'을 의미한다고 생각하게 된 그럴 만한 이유가 있었다. 이러한 특수성을 고려할 때 특정 고고학적 유물조합을 '켈트족'과 같은 특정 이름과 연결시키려는 시도는 잘못된 것이며, 이들을 이해하는 데에도 도움이 되지 못한다.

켈트라는 호칭이 그리스어로 사용된 초기 단계의 경우에는 위 주장이 들어맞을 수도 있다. 그러나 시간이 흐르면서 그리스인이 켈트라는 용어와 이름을 계속 사용했고, 철기시대 유럽 사람들이 이주, 용병, 교역을 통해 지중해 사람들과 다양한 맥락에서 상호작용함에 따라, 일부 철기시대 사람들은 확실히 켈트라는 이름에 익숙해지고 나아가 자신들의 이름으로 채택하게 됐다. 이러한 과정은 여러 맥락에서 민족지역사학적으로 잘 기록되어 있다. 향후 과제는 켈트라고 하는 그리스 명칭과 켈트족으로 묘사된 특징의 일부가 그렇게 호명된 사람들에 의해 언제 채택되었는가를 알아내고, 이 호칭에 대한 채택이 그들의 자의식을 구성하고 타지와 상호작용을 하는데 어떤 역할을 했는가를 연구하는 것이다.

제5장

후기 철기시대 경관에서의 경계와 정체성

　　이 장에서는 기원전 마지막 2세기 동안 여러 집단이 자신들의 정체성을 정의하고 표현한 방식에서의 광범위한 변화에 대해 살펴보도록 하겠다. 변화는 경계를 표시한 취락과 새로운 매납 관행의 강조에서 뚜렷이 나타난다. 장례 의식의 경우 유럽 대부분의 지역에서 공동 매장 관행이 늘어나고 개인 매장이 감소하는 것으로 변화했다. 개인의 정체성에서 공동체의 정체성을 강조하는 것과 같은 유사한 변화가 일상 용품의 제작 양상과 화폐의 출현에서도 뚜렷하게 나타난다.

　　이 시기에 로마는 제국적으로 팽창하고 있었는데, 이베리아, 갈리아 남부, 이탈리아 북부, 알프스 산지에서 정치·군사적 활동이 증가했다. 유럽의 정치 및 경제 활동에 로마가 점점 더 많이 관여하게 됨에 따라 철기시대 주민들은 새로운 방식으로 자신들의 정체성을 확립하고 전달하기 위해 결합했다. 지역 및 지역 간의 정체성에 대한 중요성이 높아진 것을 보여주는 고고학 증거의 대부분은 로마제국의 정치적 야망과 활동에 대한 반응의 맥락에서 이해할 수 있다.

새로운 경계의 형성

기원전 2세기 온대 유럽에서 활동한 집단들은 초기 철기시대 유적에서 드러난 것보다 훨씬 큰 규모의 성벽을 두른 취락을 조성했다.(지도 2) 150여 곳에 달하는 유적이 확인됐는데 모두 흙, 돌, 목재로 지어진 거대한 성벽이 특징이며 방어에 유리한 지정학적 위치에 자리하고 있다. 율리우스 카이사르가 맨 처음 오피다라는 용어를 사용했는데 요새화된 취락인 오피다의 건설은 공간 조직에서의 근본적인 변화를 의미했다. 목재 주거지로 구성된 개방된 마을 경관이 대륙의 중부에 다소 균일하게 분포해 있었으나, 이 시기가 되면 대규모의 폐쇄형 취락공간과 더 작은 혹은 훨씬 더 작은 규모의 개방형 취락이라는 차별화된 경관으로 바뀌었다. 비브락테(Bibracte), 만칭(Manching), 스트라도니체(Stradonice)와 같은 일부 오피다는 수 천 명의 인구가 밀집된 제조 및 상업의 중심시가 됐다. 켈하임(Kelheim)과 자비스트(Závist) 등의 취락은 보통 수준의 규모에 해당한다. 자르텐(Zarten)과 같은 몇몇 취락은 거주 흔적이 없이 빈 채로 남아 있었는데, 이는 비상시에만 사용하기 위한 것으로 추정된다. 이 유적들의 내부 구조의 경우 일반화시킬 만

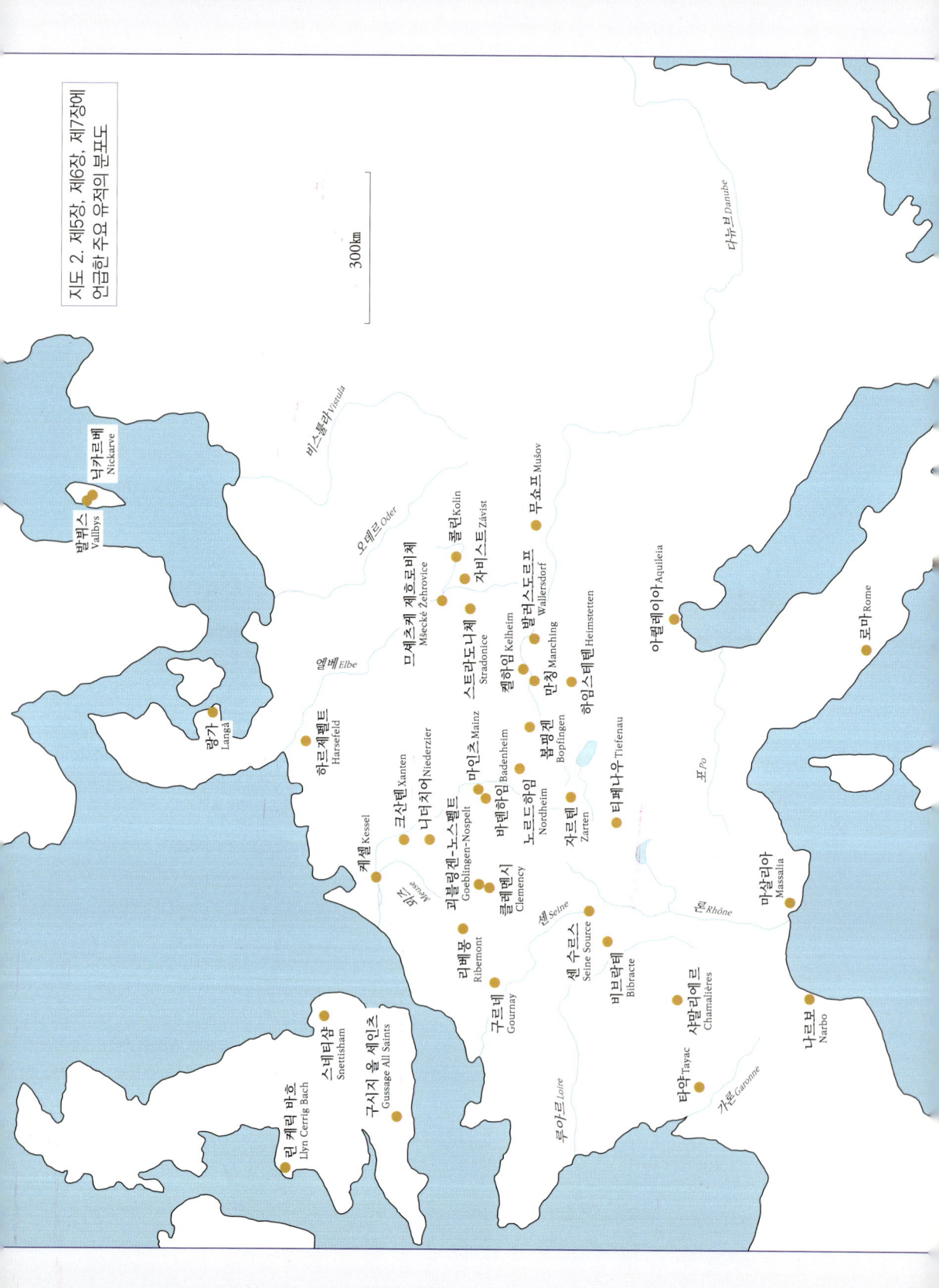

한 양식은 뚜렷하지 않지만 상당한 지역적 차이점을 보이고 있다. 그러나 폐쇄형 공간의 제작과 성벽의 건축은 온대 유럽 전역에서 유사한 변화가 일어나고 있었음을 보여준다. 철기시대 후기 오피다는 100,000~500,000㎡ 규모로서, 철기시대 전기에 형성된 몽 라수아 및 호이네부르크와 같은 폐쇄형 마을보다 훨씬 크다. 오피둠 성벽은 로마 이전의 유럽에서 인류가 만든 가장 큰 건축물이며, 군사적 목적을 초월한 중요한 의미를 가지고 있다.

정체성이라는 주제와 관련해 오피다가 갖는 중요한 의미는 상대적으로 분화되지 않았던 경관에서 새로 등장한 고도로 요새화된 중심취락이라는 데에 있다. 취락을 둘러싸는 성벽의 건축은 노동력과 자원이 가장 많이 투입되는 작업 중 하나이다. 오피다와 성벽의 원래 목적이 무엇이었든지 간에 (이 주제에 관해서는 상당한 논의와 연구가 이루어진 바 있다.) 훨씬 더 큰 사회와 이를 둘러싸는 성벽이, 내부에 사는 사람과 외부에 사는 사람 사이의 문화적 경관에 새로운 종류의 차별성을 조성하는 기능을 했다. 최근에 이루어진 독일 바이에른주의 켈하임에 대한 조사에 따르면 오피둠이 세워지고 성벽이 건설될 때 인근에 있는 작은 규모의 집단 구성원들이 자신들의 정착지를 버리고 새로운 센터로 이주했다. 그러나 훨씬 많은 수의 사람들은 여전히 성벽이 없는 개방된 작은 규모의 사회집단에 머물러 있었다. 중심지에 있는 사회집단과 주변지역의 취락에 속한 사회집단 간의 이와 같은 새로운 분화는 유럽의 초기 철기시대 취락양상과는 근본적으로 다른 것이었으며 후기 철기시대의 주민들 사이에 새로운 종류의 차별성을 조성했다.

일부 연구자는 몇몇 오피다의 성벽이 군사적 방어보다는 과시를 위해 세워졌다고 주장하고 있다. 켈하임 같은 유적의 경우 성벽이 엄청나게 넓어서 공격하는 적을 효과적으로 저지할 수 있을 만큼의 충분한 수비대를 어떻게 동원할 수 있었는지 상상하기 어렵기 때문이다. 게다가 성벽 안쪽에 취락이 남아 있지 않고 성벽 바깥 주변에도 큰 규모의 인구를 시사하는 유적이 없는 예도 있다. 그러나 군사적인 방어를 위한 것이든 집단의 정체성을 과시하기 위한 것이든 이 두 가지의 목적이 상호 배타적일 필요는 없다. 마을의 성벽은 항상 집단의 정체성과 성벽 밖에 있는 타자와의 구별을 나타내는 표시가 된다. 집단이 방어를 위해 특별히 성벽을 세울 때, 이 성벽은 군사적 장벽 그 이상의 의미를 갖게 된다. 성벽은 문화 경관에서 눈에 잘 띄는 구조물이기 때문에 분리의식을 만들어 내고 집단의 정체성이라는 감정을 불러일으킨다.

비에렉샨첸(Viereckschanzen)으로 알려진 직사각형의 인클로저(enclosure)는 문화경관의 또 다른 중요한 구성요소이다. 일반적으로 단면 V자 모양의 환호가 둘러있고 그 안에 성벽이 있는 형태이며, 규모는 다양하지만 대체로 90×90m이다. 현재까지 수백 기가 확인됐으며 위성조사를 통해 더 많은 수가 매년 발견되고 있다. 최근에 진행된 많은 발굴 사례, 특히 독일 남부지역에 대한 조사 결과는 이 시설이 제의를 위해 특별히 제작된 것이라는 오랜 관점에 의문을 갖게 했다. 예를 들면 최근에 독일 바덴-뷔르템베르크(Baden-Württemberg)에 있는 봅핑겐(Bopfingen)과 프랑스 바랭(Bas-Rhin)지역에 있는 노르드하임(Nordheim)에서 진행된 조사 결과 다양한 종류의 토기, 동물뼈, 금속제품, 진흙반죽 같은 가사활동 관련 유물이 다량 출토됐다. 이 시기에 오피다 외의 취락이 거의 알려지지 않았다는 사실은 대부분의 인클로저를 취락의 일부로 보는 견해를 뒷받침해 준다. 발굴자들은 노르하임 유적에서 인클로저가 방어기능을 했음을 보여주는 목책이 성벽 위에 세워져 있는 것을 발견했다.

그러나 현재까지 조사된 대부분의 인클로저는 제의로 생각되는 활동 관련 고고학 증거를 보여주고 있다. 프랑스 북부의 구르네-쉬르-아롱드(Gournay-sur-Aronde)와 리베몽(Ribemont) 유적의 인클로저 안에 부러진 무기들, 동물뼈, 사람뼈가 광범위하게 매납되어 있었는데, 이는 가계의 경제활동이라는 의미에서의 가사활동만이 아닌 다른 활동의 존재를 반영한다. 펠바흐-슈미덴(Fellbach-Schmiden) 유적의 구상(溝狀)유구 바닥에서 출토된 커다란 나무인형들은 일종의 제의 활동을 암시하며, 보헤미아 중부의 므셰츠케 제흐로비체(Mšecké Žehrovice) 유적의 인클로저와 연관된 석회암제 머리조각도 마찬가지로 일종의 제의활동을 시사하고 있다. 노르드하임 유적에서 로마 암포라 토기 1점과 철제 방패 8점이 포함된 퇴척층이 발견됐는데, 이러한 퇴적층은 취락유적에서는 거의 나오지 않는 것들이다.

최근 진행된 영국의 철기시대 유적에 대한 연구는 이러한 인클로저의 모순적인 측면을 설명할 수 있는 방법을 제공해 준다. 데인버리(Danebury) 유적에 대한 컨리프(Barry Cunliffe), 힐(J. D. Hill) 등의 연구는 발굴된 많은 취락이 가사 활동이 아니라, 우리가 제의라고 부르는 범주에 속하는 활동을 보여주는 고고학적 증거를 포함하고 있다는 것을 제시해주었다. 이러한 연구는 과거 인류의 활동을 취락, 매장, 제의와 같은 범주로 나누는 우리의 전통적인 사고에 문제가 있으며, 철기시대 유럽인들이 우리에게는 익숙하지 않은 방식으로 자신들의 세계에 대해 생각하고 있었음을 깨닫게 해준다. 고고학자들은 오랫동안 취락과 제의 행위를 구분해왔으나 이러한 구분은 철기시대 주민들이 자신의 일상생활을 이해하는 방식과 다를 수도 있다. 고고학 증거들은 대부분의 인클로저가 내부 건축물을 보호하는 역할을 한 것임을 보여주고 있지만, 일반적인 거주활동으로 간주되는 행위 외에도 구덩이에 무기를 매납하는 행위, 우물에 목제 조각상을 넣는 행위, 인클로저 주변에 석제 사람머리를 묻는 행위 등과 같은 제의 관련 행위를 생활시설에서 수행하기도 했다. 온대 유럽지역에 분포하는 수백 개의 인클로저와 관련해 우리는 당대의 사람들이 이를 다양한 방식으로 사용했음을 고려할 필요가 있다.

　방사성탄소연대 측정과 형식학은 인클로저가 오피다와 같은 시기에 조성됐음을 보여준다. 따라서 오피다 건설을 자극한 것과 동일한 상황에 처한 지역의 일부 사람들이 그들이 처한 상황에 반응한 결과로 인클로저가 조성되었다고 이해할 수 있다. 이 반응의 한 측면은 방어, 즉 환호, 성벽, 목책에 대한 필요성이 더 커졌다는 것이다. 그러나 또 다른 하나는 외부의 개방된 지역으로부터 자기 집단의 내부공간을 구분짓는 것이었다. 오피다와 마찬가지로 인클로저도 사람들이 필요했기 때문에 만든 것으로 이해할 수도 있으며 구분, 분리, 영역에 대한 생각을 갖게 한 원인으로도 이해할 수 있다. 인클로저는 오피다가 분포하는 유럽의 중부 전역에서 확인됐으며, 이 가운데 독일 남부에 가장 밀집해 있다. 이러한 분포 양상은 연구 진행 여부에 따른 차이에서 비롯된 것으로 생각되어 왔다. 그러나 이에 대한 연구가 지난 20년 동안 크게 증가했음에도 불구하고 이러한 밀집도에는 변함이 없다. 일부 지역, 특히 다뉴브강 남쪽 독일의 경우 후기 철기시대 사회들은 인클로저가 있는 취락구조를 선택했고, 프랑스 동부와 같은 다른 지역에서는 주변을 둘러싸지 않는 취락구조를 선택했다. 각 지역의 주민들이 선택한 차이는 이와 같은 서로 다른 취락형태를 낳게 했다. 선택의 결과는 환호와 목책 등으로 둘러싼 폐쇄형 취락과 그렇지 않은 개방형 취락이라는, 결과적으로 서로 다른 사회경관을 만들었다.

매납의 새로운 양상

기원전 2세기에 온대 유럽의 중부지역 대부분에서 장례 관행의 변화가 일어났다. 땅에 묻는 기존의 매장 대신 화장이 점차 우세해졌으며, 오피다가 분포하는 대부분의 지역에서는 지하매장이 거의 폐기됐다. 이로써 장례 의식의 최종단계에서 더 이상 매장 형태의 무덤이 사라졌기 때문에 장례 의식에 대해서는 알려진 바가 거의 없다. 대신 만칭과 같은 일부 취락, 프랑스 북부 및 네덜란드 케셀(Kessel)의 뫼즈강(Meuse River) 유적의 인클로저 예와 같이 다른 맥락에서 제의를 암시하는 상당한 양의 인골 퇴적물이 발견된다. 동시에 금속제 도구와 무기도 물속과 땅속에 매납된다.

인골의 퇴적은 장례 의식에서 2차장이나 시신의 처리와 같은 행위를 나타내는 것으로 해석해 왔다. 프랑스 북부의 구르네-쉬르-아롱드, 리베몽, 미르보(Mirebeau) 등의 유적에서 많은 양의 인골이 출토됐는데, 어떤 경우는 인골 부위를 명확하게 선택하고 배열해 놓아, 개별적인 매장구조나 유물군의 조성을 수반했던 이전의 제의와는 성격이 전혀 다른 새로운 장례 관행을 보여주고 있다.

어떤 경우는 취락에서도 인골 퇴적이 발견된다. 만칭 유적의 경우 400개체 이상의 인골이 발견된 것으로 분석됐다. 독일의 바트 나우하임(Bad Nauheim)과 브라이자흐-호히슈테텐(Breisach-Hochstetten), 스위스 북부의 바젤-가스파브릭(Basel-Gasfabrik), 체코 북서부의 크노비즈(Knovíze)와 같은 다른 취락유적에서도 이와 유사한 인골 퇴적이 확인됐다.

만칭 유적의 주혈(柱穴), 수혈[坑], 주구(周溝)에서 출토된 인골 분석은 인골 부위가 체계적으로 선택됐음을 보여준다. 일반적으로 대퇴골, 위팔뼈, 정강이뼈, 두개골이 가장 많고 갈비뼈, 등뼈, 사지뼈는 드물다. 간혹 두개골 뼈 조각들이 철제 장검과 함께 수혈에서 출토되기도 한다. 두개골과 긴 뼈 조각들은 죽은 후에 뼈들이 의도적으로 부셔졌음을 나타낸다. 대부분의 긴 뼈에는 자른 흔적이 있는데, 한(Hahn)은 제의의 일부로 사후에 칼로 살점을 잘라낸 결과로 해석했다.(그는 식인풍습에 의해 이러한 뼈와 뼈의 자른 흔적이 남게 된 것이라는 주장은 배제했다.) 만칭 유적에서 나온 인골들과 구르네 및 리베몽 유적에서 나온 인골을 비교해 보면 부셔진 뼈의 양이나 자른 흔적이 유사하다.

리베몽 유적에서 발견된 인골들은 취락 중앙부에 모아 쌓아둔 채 발견됐다. 반면 만칭 유적의 경우는 뼈들이 취락 전반에 걸쳐 넓게 흩어져 있었다. 한은 이러한 차이가 취락의 구조와 밀접한 관련이 있으며, 취락의 서로 다른 지역에 별개의 가족단위가 거주한 증거라고 주장했다.

부장품을 넣는 지하 매장을 특징으로 하는 이전 수세기 동안의 장례 관행에서 벗어난 이러한 변화는 개인이 독립적인 존재로서 그만의 별도 무덤과 독특한 부장품을 넣는 관행 대신 공동체를 강조하는 방향으로의 변화라는 측면에서 이해할 수 있다. 만칭 유적과 기타 다른 취락유적에서 발견되는 인골의 퇴적 양상과 분포는 개인보다는 공동체를 강조하는 제의 관행을 보여준다.

매장 관행의 변화로 인해 많은 양의 금속제품이 무덤에 더 이상 부장되지 않게 되었으나 대신 땅과 물속에 수혈을 만들어 금속제품을 매납하는 행위가 새롭게 강조됐다. 일부 사례는 매납의 또 다른 특징을 보여준다. 보헤미아의 콜린(Kolín)에 있는 저장갱에서 발견된 철제 도구 더미에는 농업, 야철, 취사 등의 활동을 보여주는 68점이나 되는 다양한 종류의 도구가 있었다. 스위스의 티페나우(Tiefenau) 매납유구에서는 1천여 점의 유물이 출토되었는데, 철제 장검은 모두 구부러지거나 부러져 있었고, 간혹 청동제 검집, 거마구, 동전 등이 함께 출토됐다. 웨일스의 린 케릭 바흐(Llyn Cerrig Bach)에 있는 메마른 호수 바닥에서 장검, 창 끝, 화려하게 장식된 청동방패, 굴레부속, 수레부속, 청동나팔, 솥 한 쌍이 출토됐다. 라인란트 하류의 니더치어(Niederzier) 유적의 매납갱,(그림 12) 알사스의 생루이 알자스(Saint-Louis

그림 12. 1978년 발굴된 독일 쾰로그의 서부 니더치어 유적 출토 금제품들
판금을 이용해서 만든 링 3점과 금화 46개가 출토됐다.
(사진 : Kleon3 / Wikimedia Commons, 재편집)

Alsace) 유적, 프랑스 남서부의 타약(Tayac) 유적에서는 금제 링 목걸이와 금화가 출토됐다. 바바리아(Bavaria)의 발러스도르프(Wallersdorf) 유적 등에서는 새로 주조된 금화 수천 점이 발견됐다. 동 앵글리아(East Anglia)의 스네티샴(Snettisham) 유적 내 인클로저 1에서는 링 목걸이·팔찌·동전·직사각형의 막대 등 다양한 모양의 금·은·청동 약 40kg이 매납된 유구가 최소 11곳이 발견됐다. 알프스 기슭의 많은 유적에서도 불을 이용한 제의의 과정에서 다량의 금속제품과 동물 뼈가 퇴적됐음이 확인됐다.

현재까지 매납유구는 수천 곳이 알려졌으며, 특별한 의미와 기술 및 가치를 지닌 물건을 매납했다는 점이 공통적이다. 그런데 대부분의 경우 물건을 매납하기 이전의 제의에 대한 정보는 많지 않다. 그러나 대부분의 매납유구가 노출되어 있고 공개된 장소라는 점과 매납물이 대량이라는 점은 퇴적행위가 수반된 제의가 개인의 사적으로 이루어진 것이 아니라 집단 공공의 과시를 위해 시행됐음을 강하게 시사하고 있다.

물질문화와 사회집단

개인을 강조한 것에서 공동체를 강조한 것으로의 변화는 물품의 제작 양상에서도 확인된다. 적어도 오피다에서는 처음으로 대부분의 토기가 개별적으로 제작되지 않고 물레를 이용해 대량으로 생산되는 방식으로 전환됐다. 이전보다 훨씬 많은 양의 철제 도구가 생산되었으며, 연속적인 분업 제작도 이루어졌다. 가장 놀라운 것 중 하나는 개인 장식, 특히 피불라 브로치의 특징에서 나타난 변화이다.

철기시대 초기와 철기시대 후기의 전반부 및 중반부에 피불라 브로치는 낱개로 만들어졌으며 대부분 고유의 특색이 있었다. 기원전 3~4세기 봉분이 없는 평장묘에서 출토되는 많은 피불라 브로치는 화려하게 장식되어 있고 일부는 산호나 에나멜로 상감이 된 것도 있는데, 이러한 장식은 제작에 많은 시간과 노력이 투입된다. 철기시대 마지막 단계에 유럽 중부에서 출토되는 가장 흔한 피불라 브로치는 나우하임 타입으로, 개개의 차이가 최소화되고 장식이 없는 단순한 피불라였다. 드레셔(Drescher)와 푸르거 군티(Furger-Gunti)가 진행한 제작실험에서 나우하임 피불라 브로치가 대량생산에 최적화된 것으로 밝혀졌다. 이로써 개인을 표현하고자 했던 피불라 브로치는 더 이상 개인의 과시를 위해서는 거의 선택되지 않게 됨으로써 피불라 브로치가 갖는 기능이 근본적으로 변화됐음을 알 수 있다.

개인 장신구의 생산 구조는 잘 알려져 있지 않지만 확실히 분산되어 있었을 것으로 생각된다. 일부 오피다의 경우 집약적인 생산 구조를 보이기도 하지만 일부 소규모 사회집단에서는 철기와 청동기 위주로 제작했으며 주화를 주조하기도 했다. 영국 남부의 구시지 올 세인츠(Gussage All Saints) 유적에서 용광로 잔해, 도가니 덩어리, 7천여 개의 거푸집 파편을 비롯해 청동 마구 장식 및 마구 부속품의 주조를 보여주는 많은 유물이 출토됐다. 확실히 이 소규모 집단은 엘리트 전사를 위한 물건을 생산하고 있었다. 구시지와 같은 소규모 집단은 지역정치세력의 새로운 시스템으로 밀접하게 통합됐으며, 장신구를 만드는 개인들은 더 큰 규모의 집단을 찾아야 했을 것이다.

또한 화폐의 변화도 지역의 정체성 패턴에 변동이 있었음을 보여준다. 온대 유럽에서는 기원전 3세기 금화가 처음 등장하는데, 이는 '그리스에서 금화를 가지고 온 상인'이라는 맥락에서 이해할 수 있다. 기원전 2세기에는 유럽 중부에서도 은화와 금화가 사용된다. 기원전 2세기 말과 기원전 1세기 초 격변의 시기에 주화는 집단의 정체성에 관한 중요한 정보를 제공해 준다. 대부분의 오피다 사회는 은화를 발행했으며 소규모 개방형 취락의 일부 집단도 주화를 찍어냈다. 일반적으로 주화는 발행 지역별로 특징이 있었다. 유럽 전역에 주화가 유통되면서 이동 및 교역에 관한 여러 정보를 제공해 주지만 대부분 발행처에서 사방 75㎞ 범위 이내에서 발견된다. 로마(그리고 현대)의 주화와 마찬가지로 동전은 표준가치의 상징이자 영역집단 간 정체성을 나타내는 역할을 했다.

기원전 2세기 말에서 기원전 1세기 중반까지 발행된 많은 주화에는 라틴어나 그리스 문자로 된 명문이 있다. 대개 개인의 이름이 적혀 있는데, 주화를 통제하는 사람의 이름일 가능성이 높다. 명문은 이 지역 대부분에서 가장 이른 시기의 문자 사용을 나타내며 문자 사용이 보편화된 지중해 사회로부터 의사 소통 방식과 정체성의 표현 수단을 차용했음을 보여주는 중요한 자료이다. 기원전 2세기 말과 기원전 1세기 전반기에 이전보다 훨씬 많은 수의 주화가 발행됐으며, 특정 형태의 주화는 특정 지역, 아마도 개별 부족에 맞춰 발행됐다. 집단의 지도자가 발행한 주화에는 지도자 개인을 식별할 수 있는 이미지와 이름, 그리고 그 집단의 중요한 모티브가 표시되어 있었는데, 이 세 가지 조합은 사람들로 하여금 집단에 대한 소속감을 강화하는 중요한 역할을 했을 것이다.

새로운 경계 취락의 조성, 개별 매장에서 공공의 인골 매장으로의 변화, 개방된 장소에서 제공되는 대규모 제물의 증가, 대량 생산 상품의 개발은 모두 개인의 정체성에 대한 물질적 표현에서 벗어나 공동체의 정체성에 대한 표현으로의 변화를 나타낸다. 이러한 변화는 매우 복잡했으며 서로 다른 속도와 다른 방식으로 진행됐는데, 당시 사람들이 이것을 어느 정도 인식했는가에 대해서는 알기가 어렵다. 200여 년간 유럽 전역에서 발견되는 고고학 자료를 재검토해보아야 이러한 변화의 개략적인 윤곽을 이해할 수 있을 것이다. 다만 이러한 근본적인 변화는 로마의 정치·경제·군사적인 팽창이라는 맥락에서 발생했음은 분명하다.

로마의 팽창과 영역 정체성

기원전 3세기 후반 로마의 카르타고전 승리, 이탈리아로의 팽창, 지중해 중부 및 동부 해안을 따라 있던 여러 주의 합병은 로마에 막대한 경제적 자원, 정치력 및 군사력을 가져다 주었고, 로마의 여러 요소가 유럽 내부로 침투하는 길을 마련해 주었다. 로마는 기원전 181년 아드리아해에 아퀼레이아(Aquileia)라는 무역항을 세웠고 기원전 180년경 이탈리아 북부의 포 평원을 점령했다. 이로 인해 로마는 알프스 산지를 넘어 더 북쪽으로 쉽게 이동할 수 있게 됐다. 여러 문헌은 로마가 갈리아 남부에서 기원전 181년, 기원전 154년, 기원전 125년에 마살리아 도시 절반에 대한 군사 활동을 전개했다고 기록하고 있다. 이러한 일련의 사건은 기원전 118년 나르보(Narbo)에 정복지를 건설하면서 절정에 이르렀다. 이렇게 개척된 지역은 론(Rhône)강

하구에서 멀지 않은 지중해 연안의 외교사절과 상인의 근거지가 됐으며 유럽 내륙으로 들어가 북쪽으로 향하는 요충지가 됐다. 이로써 기원전 2세기와 기원전 1세기 지중해 전역에서 상업이 빠르게 발전했다.

기원전 2세기 초반부터 온대 유럽지역에서는 엠포라, 청동그릇, 도자기, 다양한 종류의 도구, 주화 등 여러 방면에서 지중해 지역과의 상호작용이 증가했음을 보여주는 징후가 나타났다. 오피다의 조성, 장례 관행의 변화, 제의적 성격을 지닌 매납의 확산, 지역별로 독특하게 제작된 화폐 등은 로마의 팽창과 지중해 전역에 걸친 상업 활동의 심화를 비롯한 유럽 전역에서의 변화라는 맥락에서 이해될 수 있다. 변화의 기재는 명확하지 않지만 여러 요인을 생각해볼 수 있다. 기원전 2세기 지중해에서의 활발한 상업활동의 확장은 온대 유럽에 큰 영향을 주었다. 농작물, 목제, 금속제품, 노예 등 지중해 사회가 선호하는 제품의 생산을 촉진시켰다. 상품 유통의 증가 및 이로 인한 물질적 부의 성장은 기원전 120년부터 기원전 60년까지 유럽의 북부 및 동부로부터 온대 유럽지역인 남부로의 주민 이주를 자극했을 것이다. 이주세력으로부터의 방어도 오피다가 등장하게 된 원인 중 하나였다. 또한 강화된 생산력은 인구가 증가한 중심부에 제조와 상업이 집중될 수 있는 유리한 여건을 조성했다. 이와 같이 많은 오피다에 인구 증가와 경제활동이 집중되면서 주민들은 자신이 이주한 지역의 중심지와 동일시 하게 되거나 또는 로마 상인과의 교역을 위한 상품 생산을 통해 지역 중심지와 더욱 긴밀하게 연결됐다. 귀환한 용병 전사도 기동력있는 무력의 확대, 제조 및 상업 활동의 증가 두 방면에서 일정한 역할을 했을 것이다.

라인강 서쪽에 분포하는 고분 유적은 이러한 변화를 살피는데 좋은 자료이다. 기원전 2세기에 온대 유럽 대부분 지역에서 지하 매장이 감소하기는 했지만 라인강 중류와 하류부터 영국 해협에 이르는 지역에서는 이러한 매장 관행이 지속됐고, 일부 무덤에는 화려한 부장품이 잘 갖추어져 있었다. 부장품으로는 청동그릇이나 도자기 같은 로마산 사치품을 비롯해 와인을 담는 암포라가 있으며, 유럽의 전통적인 지위와 권력을 표시하는 마구류, 바퀴 달린 탈 것들, 화려하게 장식된 무기류 등 모두 복잡한 장례 용품이 특징이다. 기원전 70년으로 편년되는 룩셈부르크의 클레멘시(Clemency) 유적의 무덤에서는 다량의 지중해산 연회 용품이 출토됐다. 로마산 암포라 10여 점, 철제 화로 1점, 지역 특색의 도자기 27점, 돼지 뼈 4개체, 청동 솥 1점, 기름 램프 1점 외에 정교하게 직조된 직물 및 개인용 금속제 장식이 대부분이다. 주목되는 것은 대부분의 로마산 암포라를 부장하기 전에 의도적으로 파쇄했다는 점인데, 이러한 행위는 괴블링겐-노스펠트(Goeblingen-Nospelt) 유적의 무덤에서도 잘 나타난다.

룩셈부르크의 괴블링겐-노스펠트 유적에서 조사된 후장무덤 4기는 엘리트들이 로마 점령에 반응해 자신들의 정체성을 조정한 과정을 잘 보여준다. 4기의 무덤은 다수의 평장무덤과 함께 약 61×34m 직사각형의 주구로 둘러싸여 있었다. 모두 화장무덤이며 목곽이 안에 있고 봉분이 있는 형태이다. 무덤 C와 무덤 D는 로마 점령 후 20년, 즉 기원전 50~30년으로 편년된다. 다른 2기는 이보다 늦은데, 무덤 A는 기원전 25년, 무덤 B는 기원전 20년에 해당된다. 부장품에서의 변화는 다음 두 가지 맥락에서 특히 주목된다. 하나는 시간의 흐름에 따라 로마산 물품이 양적으로 급증하는 것이고 다른 하나는 지역 전통의 무덤이 변함없이 유지된다는 점이다.

가장 이른 시기의 무덤 C에는 로마산 물품이 하나도 부장되어 있지 않았다. 가장 늦은 시기의 무덤 B에는 로마산의 정교한 고급 도자기 한 세트, 와

인용 청동그릇류, 램프 하나가 부장되어 있었는데, 이는 로마산이라는 점 외에도 특별한 제의를 목적으로 의미있게 구성된 용품세트를 채용했음을 말해준다. 그러나 이 무덤에는 지역 전통 방식으로 장식된 검집과 재지산 장검, 박차 등의 기타 마구류, 재지산 도자기 및 금속 그릇도 부장되어 있었다. 아시다시피 로마의 장례 관행에는 무덤에 무기를 넣거나 정교한 연회용품을 부장하지 않는다. 부장품에서 보이는 이러한 유물복합체는 피장자와 그가 속한 집단이 은연 중에 자신들을 전통적인 관점에서 바라보고 있었음을 강하게 시사하고 있다. 그들은 로마로부터 자신들이 선택한 것, 예를 들면 암포라 및 여기에 담는 술, 청동그릇, 식탁용 도기류, 램프 등을 채용했으나, 이 물건들을 무덤에 부장하고 재지의 연회용품에 결합시킴으로써 그들 자신의 환경으로 조직하고 재구성했다. 박차는 로마군대에 기병으로 복무했음을 시사하는 것일 수 있으며 로마산 식탁용품 세트는 로마의 연회 관행을 채용했음을 나타내는 것일 수 있다. 그러나 부장품에서 보이는 유물복합체 전체는 온대 유럽의 엘리트 매장전통의 맥락으로 결합되어 있었다. 이와 같이 괴블링겐-노스펠트 유적의 후장무덤은 정체성을 구조화하는 데에 있어서 새로 정복된 갈리아라는 맥락으로 수 세기 전의 매장 관행이 재현되고 있었음을 보여준다.

 기원전 2~1세기에 걸친 로마의 정치·경제 활동의 확대는 온대 유럽에 나타나는 이러한 변화 양상에 중요한 영향을 미쳤다. 클레멘시와 괴블링겐-노스펠트 유적의 무덤들은 로마 팽창의 영향이 급증하는 것에 대해 지역 엘리트들이 어떻게 반응했는가를 잘 보여준다. 로마의 영향이 갈리아 전역으로 점점 더 확대되면서 재지사회는 로마의 팽창으로 인한 위협을 더 강하게 느끼게 됐고, 이에 따라 재지사회의 지도자가 갖는 지위와 권력도 높아졌다.

이와 같은 갈등과 긴장의 상황에서 재지 엘리트의 정체성을 전달하기 위해 재지사회는 무덤에 봉분, 목곽, 대규모 연회용품의 부장 등으로 매장 관행을 재구성하여 비(非)로마인으로서의 자신들의 정체성을 표명하는 이전의 전통적인 장례 관행으로 회귀했다. 전통적인 재지의 정체성을 재확인하려는 이러한 노력은 오피다가 조성되고 경계를 긋는 대규모 성벽이 건축되며 청동·은·금·화폐가 사용되기 시작한 것과 같은 시기에 증가했다. 이러한 모든 변화는 특정 영역에서의 개인과 집단에 대한 구분의 필요성이 그 어느 때보다도 더 강하게 요구되고 있었음을 나타낸다.

제의적 매납을 위한 새로운 구역의 조성은 이와 같은 영역에 대한 정체성이 강화되고 있음을 증명하고 있다. 프랑스 동부의 센(Seine)강과 마시프 센트럴(Massif Central)의 샤말리에르(Chamalières) 유적은 모두 샘물 숭배와 관련된 나무 조각상을 놓아 두었던 장소이다. 센 유적에서는 약 300점의 조각상이 발견됐고 샤말리에르 유적에서는 약 5,000점이 발견됐다. 샤말리에르에서는 토착계의 의상 및 개인 장신구와 초기 로마 스타일을 결합한 목제 조각상 외에도 60여 개의 갈리아어 단어와 이탈리아 문자가 새겨진 납으로 된 태블릿[1]이 발견되었는데, 이들은 토착신을 떠올리게 한다. 이 태블릿 문서들은 이 유적을 봉헌 장소로 보는 주장을 입증해 주었을 뿐만 아니라 토착 전통과 로마 전통이 복잡하게 혼합된 양상을 보여주었다. 코트도르(Côte-d'Or)의 뉘생조르쥬(Nuits-Saint-Georges)에 있는 볼라즈(Bolards) 성소에서 발견된 수백 점의 피불라 브로치 매납은 로마 정복 직후 시작된 샘

---

[1] 역자 주 : 태블릿이란 그리스, 로마, 이집트 등 고대 사회에서 문자를 기록하기 위해 점토나 나무 혹은 금속을 다듬어서 방형 혹은 장방형으로 만든 판을 말한다. 많은 고대 사회가 태블릿에 기록을 남겼다. 우리나라를 비롯해 중국이나 일본에서는 나무와 대나무 등을 이용한 목간 혹은 죽간에 기록을 남겼다.

물의 제의적 이용양상을 보여주는데, 나중에는 이 유적 위에 정교한 갈로-로마(Gallo-Roman)[2]식 제의 복합단지가 세워졌다.

이와 같은 무덤과 제사 유적은 로마군이 정복한 지역에서 로마에 의해 도입된 변화와 함께 지역 정체성에 대한 고도로 복잡한 교섭과 조정이 있었음을 보여준다. 향후에는 신흥 지역집단의 중심부 및 경계와 관련하여 무덤과 매납이 어떻게 이루어지고 있었는가에 관한 연구가 필요하다.

지역 간 정체성

기원전 1세기 전반에 걸쳐, 심지어 로마군의 갈리아 원정에 의해 야기된 혼란 속에서 조차도 온대 유럽 전역의 물질문화에 새로운 수준의 균질성이 뚜렷하게 나타났다. 라텐양식이 우세했던 지역과 야스토르프(Jastorf) 전통의 문화[3]가 번성했던 북부 지역 사이의 양식적 경계, 그리고 카이사르가 라인강에 확립한 로마 국경 전반에까지 이들 지역이 정치적 경계선으로 구분된다는 생각이 들지 않을 정도로 청동그릇·개인 장신구·무덤의 형식에서 공통적인 동질성을 보여준다. 뵐링(Völling)의 피불라 브로치와 벨트고리에

---

[2] 역자 주 : 로마제국의 지배하에서 로마화된 갈리아문화를 말한다.
[3] 역자 주 : 야스토르프 전통의 문화는 기원전 6세기에서 1세기에 걸쳐 현재의 북부 독일과 덴마크에서 발전한 철기시대 문화이다. 독일 북부 니더작센주에 위치한 야스토르프 유적 이름을 따서 명명되었으며 북부 유럽에서 고대사회의 형성에 중요한 역할을 했다.

대한 연구는 이러한 새로운 양상을 잘 설명해준다. 이전 시기에 보였던 뚜렷한 지역적 분포 대신 새로운 형식이 경계선 양쪽 지역에 광범위하게 나타난다.

중부유럽 남부에서는 기원전 2세기에 지하매장 관행이 더 이상 유행하지 않았으나, 기원전 1세기 중반 라인강 동쪽에서 많은 오피다가 폐기되었던 카이사르의 갈리아 원정 시기에 다시 번성하기 시작했다. 필자는 이전에 다시 조성되기 시작한 지하 매장이 오피다에 집중돼 있었던 정치 및 경제 시스템의 붕괴에 대한 지역집단의 특징적인 반응을 반영하는 것이라고 주장한 바 있다. 이 무덤들은 기원전 4세기, 기원전 3세기 및 기원전 2세기 전반부에 조성된 매장과는 다른 다양한 장례 의식과 부장품을 보여준다. 무덤의 일부는 지하 매장이고 일부는 화장한 것이다. 부장품으로는 피불라 브로치, 벨트 고리, 토기 등이 있는데, 몇몇은 오피다 출토품과 유사하고 피불라 브로치 및 벨트 고리 등 몇몇은 유럽 전역에서 광범위하게 유행한 양식과 같은 것들이다.

이와 같이 무덤에 반영된 장례 관행은 로마군의 라인강 서쪽 진출 및 라인강 동쪽에 있던 오피다의 붕괴에 반응한 결과로 이해할 수 있다. 오피다의 사회·경제 시스템이 붕괴되자 사람들은 새로운 마을을 건설하기 위해 이주해 갔고, 문화적 압박이 상당했던 시기에는 부분적으로는 과거 전통에 기반하고 부분적으로는 주변 사회의 전통을 차용하고 적용시키면서 자신들의 정체성을 재창조하고자 했다. 한편으로는 역사적 기억을 더듬으며 시간을 거슬러 올라가 기원전 2세기 중엽의 지하 매장 관행이 폐기되기 전의 장례 의식을 재현하려고 했다. 또 한편으로는 대륙 전역에 걸쳐 토착민들의 더욱 커진 이동성과 통합의 징후를 포용하고 있었다. 이러한 맥락에서 각 무덤은 제의와 부장품의 측면에서 다른 무덤들과는 뚜렷하게 구별된다.

라인강 중류 및 하류 동쪽에서는 로마군이 갈리아 원정을 벌이던 무렵에 처음으로 남성 무덤에 무기를 부장하는 관행이 관례화됐다. 또한 처음으로 장례 의식에서 남성은 전사로 구별됐다. 이러한 상황은 로마가 온대 유럽으로 팽창하면서 수반한 군사활동의 맥락에서 이해할 수 있다. 카이사르는 갈리아 원정기간 동안 적어도 두 차례에 걸쳐 라인강을 건너 강 동쪽 사회를 직접적으로 위협했다. 카이사르는 갈리아 원정에서 게르만인을 보조군으로 채용했다고 기록했다. 확실히 로마의 침략으로 인한 10년 간의 갈리아 전투는 라인강 동쪽의 모든 집단들에게 군사력의 확충이 중요하다는 점을 각성시켰다. 이것은 라인강 동쪽 사회로 하여금 군사적인 부분을 강조하게 만들었고 전사로서 갖는 남성의 정체성을 증가시킨 것으로 이어졌는데, 이러한 변화는 무기가 부장된 무덤의 급속한 확산이 잘 대변해주고 있다.

기원전 1세기 중반경부터 라인강 동쪽에서 나타난 전사로서의 남성이라는 정체성의 강조와 함께 '국제 전사 엘리트'라고 불리는 새로운 정체성의 출현이 광범위하게 나타났다. 또한 이 시기 이후부터는 철제 장검, 투각문양으로 장식된 검집, 창, 방패, 박차, 투구, 청동그릇, 수레 등으로 특징되는 다수의 남성 후장무덤이 라인강 양쪽 및 이로부터 멀리 떨어진 북쪽의 중앙 스칸디나비아까지 등장한다. 유럽의 대부분 지역에서 무기, 마구, 사치품으로 특징되는 유사한 무덤군이 출현하는데, 이는 다양한 지역의 주민들을 로마 국경을 넘어서는 더 큰 규모로 연결하는 특정 엘리트의 정체성이 형성되고 있었음을 시사한다. 무덤에 부장된 무기류와 사치품은 이 새로운 집단이 토착계임을 강하게 시사하고 있지만 박차와 로마산 수입품은 이들이 로마와 연결되어 있음을 보여주고 있다. 박차는 피장자가 로마군에 종사한 기병대로 활동했음을 보여주는 것일 수 있다.

　이와 같은 국제 전사 엘리트의 무덤으로는 엘베(Elbe)강 하류 하르제펠트(Harsefeld)의 대규모 묘역이 대표적이다. 여기에서는 박차 및 로마산 청동그릇과 함께 장검과 무기류가 부장된 여러 기의 무덤이 발견됐다. 덴마크의 핀(Fyn)섬에 있는 랑가(Langå) 유적의 화장묘도 좋은 예이다. 부장품으로 장검 4점, 창끝 1점, 방패 1점, 금반지 2점, 네 바퀴 수레 1점, 이탈리아산 청동그릇 1점, 온대 유럽 남부에서 수입된 청동그릇 1점 등이 출토됐다. 더 북쪽의 고틀란드(Gotland)섬에 있는 닉카르베(Nickarve)와 발뷔스(Vallbys) 유적의 무덤에 장검, 창, 방패를 갖춘 완벽한 무기 세트가 부장되어 있었으며, 개별 무덤에는 피장자가 대륙의 남부 사회와 연결되어 있음을 보여주는 박차 1점이 부장되어 있었다.

제6장

타자의 관점 :
그리스·로마인의 묘사

철기시대 유럽인에 관한 가장 풍부한 문헌 정보는 기원전 마지막 두 세기에 관한 것이다. 온대 유럽 사회와 지중해 사회 간의 지난 수세기에 걸친 다양한 상호작용 덕분에 이들은 서로에 대한 정보를 얻고 있었으며, 이를 통한 학습은 정체성의 형성과 타자에 대한 표현에 중요한 영향을 미쳤다. 다른 역사적 맥락에서 타자를 기록한 문헌과 그림 표현에 대한 학계의 최근 연구를 통해 알려진 바와 같이, 자료에 대한 비판적인 해석은 그리스 및 로마 문헌과 그들이 묘사한 철기시대 주민들 사이의 관계를 이해하는데 도움이 된다.

복잡하게 얽힌 것들의 누적된 결과들

유럽 철기시대의 주민을 다룬 그리스·로마 기록문서에는 기원전 마지막 두 세기에 관한 것부터 정보가 훨씬 많아진다. 여기에는 몇 가지 이유가 있는데 이들 정보는 이전과는 다른 특징이 있다. 기원전 2세기까지 온대 유럽의 많은 사람들은 용병, 교역, 정치적 상호작용 및 기타 다른 방식으로 지중해 사회와 직접 접촉을 해왔다. 율리우스 카이사르 같은 일부 사람들은 자신이 기록한 철기시대 유럽인과 직접 접촉하고 친밀해지기도 했다.

기원전 4~2세기 알프스 북쪽 사회와 지중해 연안에 있는 집단 사이에 진행된 광범위한 상호작용은 양쪽 집단의 구성원들이 서로에 대해 익숙해지고 상대방에 대한 생각을 형성할 수 있는 충분한 기회를 제공해 주었다. 이 과정에서 사람들은 주변의 변화하는 상황에 대응하여 끊임없이 자신의 정체성을 재창조했다.

이러한 복잡한 과정이 어떻게 작동했는가를 이해하기 위해서는 시·공간적으로 비교 가능한 맥락에서 좀 더 잘 기록된 형세적 국면을 검토할 필요가 있다. 앞 장에서 살펴본 바와 같이 최근의 많은 연구는 아메리카의 여러 지역에 대한 유럽인의 개척·정복·식민지화라는 맥락에서의 상호작용에 초점을 맞추고 있다.(제4장 참조) 신대륙이 많은 사례를 보면 토차집단은 부분적으로 유럽인이 자신에게 부여한 정체성을 받아들였다. 기원전 5세기, 철기시대 헤로도토스가 기록문서를 작성했던 시기에 알프스 북쪽과 서쪽에 살았던 집단들은 자신을 켈트족으로 생각하지 않았을 가능성이 크다. 그러나 기원전 2세기가 되면서 온대 유럽 사람과 지중해 사회 간 다양한 상호작용의 결과로, 많은 이들은 그리스인과 로마인이 자신들을 지칭하기 위해 사용한 '켈토이(Keltoi)' 및 '갈리(Galli)'라는 이름에 익숙해졌을 것이다. 이런 의미에서 콜럼버스가 아메리카 인디언을 만들어 낸 것처럼 그리스·로마인이 켈트족이나 갈리아족을 만들어낸 셈이다 - '인디언'이라는 용어는 콜럼버스와 유럽인에게는 특별한 의미가 있었지만 아메리카 토착민에게는 아무런 의미가 없었다. - 두 경우 모두 상대적으로 발전된 복합사회와의 상호작용을 통해 토착민들이 이러한 호칭을 받아들이게 된 사례이다. 기원전 1세기까지 알프스 북쪽에 있던 대부분의 사람들은 '내부인'과 '외부인' 모두의 이해에 따라 켈트족이나 갈리아족으로 간주되었을 가능성이 가장 크다.

현대의 사례에서도 토착민은 그들의 땅으로 이주해온 집단이 자신들을 어떻게 인식하는가에 크게 영향을 받는다. 아메리카 대륙에 정착한 유럽인들과의 상호작용이 아메리카 원주민에게 미친 영향에 대해서는 광범위하게 기록되어 있으며, 19세기 영국인들이 인도 주민들과의 식민지적 상호작용을 통해 영국인 스스로의 자기인식에 미친 영향도 잘 기록되어 있다. 이와 마찬가지로 기원전 6세기부터 그 이후까지 이어진 다양한 상호작용의 과정에서 온대 유럽의 철기시대 사람들은 그리스·로마인이 자신과 타자에 대해 가졌던 생각을 재구성하는 방식에 상당한 영향을 주었을 것이다. 이 주제는 이 책의 논의에서 벗어나는 것으로 더 이상 다루지 않기로 한다.

문화적 구성으로서의 기록
: 철기시대 주민에 대한 표현

그리스·로마의 기록을 역사적 사실에 대한 서술로 받아들이기보다는 문화적인 구성물로 이해할 필요가 있다. 많은 저술가들이 다양한 정보를 기록하고 언급했다. 문헌에 기록된 내용은 사람들과 사건들에 대한 여러 가능한 관점 중 하나일 뿐이다. 이것은 19세기 중반 요한 게오르크 콜(Johann Georg Kohl)과 헨리 스쿨크레프트(Henry Schoolcraft)가 미국 북부 슈피리어 오지브웨이(Superior Ojibway) 호수에 대한 민족지 기록을 서로 다르게 표현한 것과 마찬가지로, 동일한 토착집단에 대한 서로 다른 저술가들의 동시대 기록을 비교해보면 분명하게 드러난다. 그러나 안타깝게도 유럽의 토착민을 기록한 그리스·로마 문헌의 경우 로마제국시대까지는 동시대 다른 관점으로 기록한 문헌은 거의 없다.(카이사르, 스트라보, 타키투스, 카시우스 디오는 켈트족과 게르만족의 구분에 대한 상반된 설명을 하고 있다.) 일반적으로 특정 주제에 관한 자료는 하나의 근원지가 남아 있기 마련이다. 여러 자료가 남아 있는 경우에도 대부분 동일한 출처에서 유래되는 경우가 많다. 외부 관찰자에 의해 묘사된 한 집단에 대한 여러 표현은 필연적으로 단일 경험 또는 일련의 경험에 기반을 두고 있으며 독자가 인식하지 못하는 특정 상황 하에서 이루어진다. 물질 자료의 규칙성 그 자체가 스스로 말해주지 않듯이 고대 문헌도 스스로 말을 하는 것이 아니기 때문에, 고대 문헌을 다루고 그 의미를 파악하기 위해서는 비판적으로 개발된 이론이 필요하다.

또한 물질적 증거를 이해하기 위한 이론이 필요하듯 고대 문헌도 의미있게 다루기 위해서는 엄격하게 개발된 이론과 방법론이 필요하다.

철기시대 유럽의 토착민을 기록한 그리스·로마 문헌의 경우 출처나 사료 비판 문제는 특히 복잡하다. 문헌에 기록된 정보의 의미는 다양한 요인에 따라 다르게 해석된다. 하나는 문헌의 저자가 정보를 획득한 방식이다. 카이사르는 부분적으로는 직접 경험한 관찰을 통해, 부분적으로는 지역의 정보원이나 토착민을 통해 갈리아에 관한 정보를 얻었다. 타키투스의 경우는 로마의 아카이브에서 조사를 하고 이로부터 광범위한 자료를 수집했다. 그리스 도시대를 전후로 로마에서 저술활동을 벌인 리비는 대부분 로마의 구전(口傳)을 바탕으로 하여 기원전 5세기와 기원전 4세기 이탈리아로 이주한 갈리아 이주민에 관해서 기록했는데, 알다시피 구전은 기록문서보다 더 가변적이고 유동적이다. 헤로도토스는 다뉴브강의 발원지에 한번도 가본 적이 없었으며 지중해 동부와 중부를 여행하면서 만난 사람들로부터 그 지역에 관한 정보를 수집했다. 또 다른 하나는 문헌을 기록한 저자의 세계관이다. 문헌의 저자들은 자신이 살고 있는 사회와 세계를 어떻게 바라보았는가? 독자와의 소통에서 저자가 의도한 것은 무엇인가? 헤로도토스가 스키타이에 관해 기록한 목적은 리비가 수세기 동안 전해 내려온 로마 전통을 기록한 목적과 다르며, 카이사르가 갈리아에서 싸웠던 사람들을 묘사하고자 했던 목적과도 다르다. 모든 문헌은 선택적으로 기록된 것이다. 저자가 무엇을 기준으로 해서 기록할 것과 기록하지 말아야 할 것을 선택했는가? 이 문제는 철기시대 유럽인을 기록한 그리스·로마 문헌을 다룰 때 반드시 고려해야 한다.

가장 중요한 점은 기록문서가 마치 어떤 사실을 객관적으로 서술해 놓은 것처럼 접근해서는 안된다는 사실이다. 로마의 역사문헌에 대한 팀페

(Timpe)의 지적과 같이, 기록문서를 남기는 근본적인 목적 중 하나는 전통의 보존이었다. 예를 들어 이탈리아로의 이주와 기원전 4세기 초 로마의 약탈에 대한 리비의 기록의 경우 저자가 아우구스투스시대에 글을 쓰면서 전하려고 했던 전통의 어떤 측면이 있었는지 살필 필요가 있다. 저자가 글을 쓴 목적을 이해할 수 있다면, 그 문헌의 활용성과 의미를 좀 더 잘 이해할 수 있을 것이다.

문자 사용 이전의 토착민을 기록한 문헌은 일반적으로 토착민을 정적이고 변화가 없으며 수동적인 집단으로 묘사하는 경향이 있다. 에릭 울프는 『역사가 없는 유럽과 주민들(Europe and the People Without History)』이라는 제목의 책에서 이 문제를 제기했다. 팀페는 로마공화정시대의 역사가들에게는 자신들이 기록한 주민들의 역동적인 변화를 인지할 수 있는 개념이 전혀 없었다고 지적했다. 카이사르는 비록 그가 갈리아에 도착하기 전에 발생한 이주와 여러 사건을 언급하기는 했으나 갈리아에 대한 그의 표현은 기본적으로 정적인 것이었다. 제5장에서 설명한 바와 같이 기원전 마지막 두 세기는 끊임없는, 그리고 심오한 격동의 시기였다.

오늘날의 관점에서 볼 때 로마의 저술가들이 철기시대 주민들의 역동성을 이해하지 못했다는 것은 아이러니하다. 왜냐하면 로마의 여러 활동이 유럽 내륙의 변화에 상당 부분 관여했기 때문이다. 이러한 활동에는 기원전 2세기 남부 갈리아와 북부 이탈리아에서의 상업활동의 증가, 기원전 2세기 후반 남부 길리아에서의 정치적 영향력의 확대, 가이사르의 갈리아 원정과 북쪽 대륙의 중심부까지 진행된 정복활동이 포함된다. 부분적으로는 로마 저술가들의 관찰과 조사 과정까지도 유럽의 토착민이 자신과 타자를 바라보는 방식에 영향을 주었겠지만 현재로서는 이러한 종류의 변화를 구체적으로 분별하기는 어렵다. 카이사르가 갈리아에서 자신의 정보원들에게 그들이 누구이고 이웃해 살고 있는 이들은 누구인가를 물었을 때, 이 행동은 이미 불가피하게 질문을 받은 이들의 의식에 변화를 초래하게 되는 것이다.

타자 만들어내기
: 그리스·로마인의 타자에 대한 이미지

알프스 너머의 주민들과 지역에 대한 모든 특정 문헌 정보의 기저에는 비지중해 사람들과 이들이 살았던 경관에 대한 그리스·로마인들의 강력한 관념이 내재되어 있다. 라틴어나 그리스어를 하지 않거나 지중해 문명의 일원들처럼 행동하지 않는 사람들은 바바리안으로 간주됐다. 바바리안이라는 용어는 오늘날과 같은 부정적인 어감은 없었고 삶의 방식이 다른 즉, 더 단순하거나 덜 세련된 사람을 가리키는 용어였다. 유럽 토착민에 관한 기록의 의미를 판단할 때는 이와 같은 그리스·로마적 관점의 본질적인 속성을 염두에 두는 것이 중요하다. 로마인이 개별적으로 온대 유럽 사람을 만나고 일을 같이 했다고 하더라도 '그들은 다르다'라는 관념을 갖고 있었다. 모든 기록문서는 높은 학식이 있는 로마 엘리트 남성의 관점을 반영하고 있다. 철기시대 온대 유럽인에 대해 쓴 저술가 중에는 비엘리트와 여성은 없다. 로마 병사나 농부는 자신이 만났던 유럽인에 관해 다르게 생각했을 지도 모르지만 안타깝게도 그들의 관점에서 작성된 문헌은 없다.

북쪽 사람들에 대한 태도와 마찬가지로 알프스 북쪽 땅에 대한 그리스·로마인들의 생각은 익숙하고 편리한 지중해 경관에 비해 거칠고 교육되지 않았으며 위험하다는 것이었다. 문헌 기록에 따르면 로마인들은 북쪽 땅에 상당한 자원이 있다는 것을 알고 있었지만 지형적 어려움과 위험요소로 인해 자원 획득에 방해를 받았다. 북쪽의 주민들과 장소에 대한 문헌의 서술 내용은 그리스·로마 사상에 내재된 이러한 기본적인 논제의 맥락에서 이해할 필요가 있다. 범위를 좀 더 확장해 보면, 사이드(Said)가 19세기 유럽의 저술가와 예술가에 의해 '오리엔트'가 만들어졌음을 보여준 것과 같이, 그리고 스튜어트(Stewart)가 로만 브리튼(Roman Britain)을 통해 보여준 것과 같이, 온대 유럽의 주민들에 대한 이미지는 저술가들에 의해 그리스·로마 기록문서의 표현대로 만들어졌다. 그러나 그 표현을 완전히 꾸며낸 것이라고 할 수는 없다. 그들의 표현은 자신들이 묘사한 사람들의 내적 활동을 이해하지 못한 개인들에 의해 전달되고 변형된 현실에 기반한 것이었다.

문헌 자료와 역사적 전통

역사적으로 기록된 것 중에서 세 가지 '사건'을 선택하여, 문헌 자료가 철기시대 후기 유럽의 역사적 사건을 표현하는 방식에 대해 설명해 보도록 하겠다. 일부 저술가는 처음으로 킴브리(Cimbri)족과 튜턴(Teutones)족이 북유럽으로부터 이동하여 기원전 113년에 지금의 오스트리아나 슬로베니아로 추정되는 노레이아(Noreia) 지역에서 로마군을 대패시킨 것으로 서술했다. 기록에 따르면 이 집단들은 이동하는 동안 다른 집단과 합류하여 서쪽으로는 갈리아로 진입한 후, 갈리아 남부로, 최종적으로는 북부 이탈리아로 이동했다. 기원전 101년에는 현재 이탈리아 북부 어디쯤으로 추정되는 베르첼레(Vercellae)에서 로마 장군 마리우스(Marius)에게 대패했다. 일반적으로 이 집단은 현대 문헌에서 '게르만족'으로 언급되지만 당시에는 그렇게 불리지 않았으며, 카이사르도 이들을 그렇게 부르지 않았다.

킴브리족과 튜턴족, 그리고 기원전 1세기 전반부에 이동한 다른 집단에 대한 기록은 매우 복잡하고 모호하게 서술되어 있다. 이 집단들의 지리적 연원도 명확하지 않다. 룬드가 지적한 바와 같이 현대에는 킴브리족을 지금의 유틀란트(Jutland) 북부로, 튜턴족을 유틀란트 남부로 연결시키는 것이 일반적이지만 이곳에는 고대 유적이 없어 근거가 약하다. 고고학 자료는 기원전 2세기와 기원전 1세기에 유럽 전역에 걸쳐 집단 간 상호작용이 점점 더 활발했음을 보여준다. 따라서 고대 문헌에 언급된 이주가 대부분의 저술가들이 주목하지 않았던 훨씬 더 광범위한 이동의 일부에 불과한 것인지에 대해 의문을 가질 필요가 있다. 북부에서 관찰되는 폐기된 인문경관이나 그들이 지나갔다고 하는 지역에서의 외래품 혹은 새로운 관행의 갑작스런 출현 같이, 문헌에 기록된 이주를 보여주는 고고학 자료는 거의 없다.

이러한 이동이 어떤 성격이었든 간에 고대 저술가들의 설명은 알프스 너머에 있는 모든 사람들에 대한 로마적 관점을 조성하는 데에 중요한 역할을 했다. 카이사르가 기원전 58년에 갈리아에서 원정을 시작했을 때, 이와 같은 초기 이동에 대한 전통적 이미지는 분명 갈리아와 라인강 너머의 지역에 대한 그의 생각에 중요한 영향을 미쳤을 것이다. 카이사르의 원정 이전에도 로마 이탈리아 및 남부 갈리아는 수십년 동안 긴밀하게 접촉하고 있었고 일부는 로마와 연맹을 맺고 있었다. 카이사르는 그의 군대를 이끌고 갈리아 동맹군 병사들과 함께 자신이 게르만이라고 부른 용병까지 고용하여 로마의 지배에 복종하지 않은 집단들을 정복했다. 카이사르의 기록은 연도별 원정 진행상황에 대한 비교적 상세한 설명과 함께 일부 갈리아 집단 및 그들의 생활방식을 묘사하고 있다. 카이사르의 기술적인 묘사 중 일부는 고고학 증거, 특히 무루스 갈리쿠스(murus Gallicus) 요새에 대한 설명은 고고학적으로 잘 뒷받침되고 있지만 사회조직 및 정치체제에 대한 설명은 그의 로마적 관점이 강하게 반영되어 있다.

카이사르의 기록은 전쟁의 결과로 대부분의 갈리아가 붕괴상태에 빠져 있었다는 사실을 명확히 보여준다. 원정을 위해 2만5천에서 5만의 병력이 그의 군대에 투입됐으며 갈리아 집단 사이에서도 많은 전투가 벌어졌다. 그의 군대는 가는 곳마다 마을을 파괴했고 농지를 불태웠으며 물자를 약탈했다. 수만 혹은 수십만의 토착민이 전투에서 사망하거나 기아 또는 황폐해진 환경으로 인한 질병으로 죽었다.

기원전 52년 카이사르가 갈리아의 지도자 베르킨게토릭스(Vercingetorix)와 연합한 갈리아군을 갈리아의 요새도시인 알레시아(Alesia)에서 패퇴시키고 기원전 51년 마지막 저항세력을 진압하면서 갈리아 정복이 완성됐다. 그 직후 로마에서는 장 기간의 내분과 내란이 시작됐는데, 이로 인해 갈리아 지역의 기만시설 건실이 지연됐다. 문헌기록은 라인깅 동쪽에서 게르만족이라고 불리는 집단이 강을 건너 갈리아로 침입한 내용을 말해준다. 기원전 16년, 이러한 습격 중 하나로 인해 총독 롤리우스(Lollius)의 지휘하에 있던 5군단이 대패했다.(제7장 참조) 기록에 따르면 이 사건으로 인해 아

타자의 관점 : 그리스·로마인의 묘사

우구스투스(Augustus) 황제는 기원전 15년에서 13년까지 대부분의 기간을 갈리아와 라인강 국경에서 보내면서 마인츠(Mainz), 본, 크산텐(Xanten), 네이메헌(Nijmegen) 및 기타 지역에 방어조직과 요새를 구축하고 강 건너편의 게르마니아(Germania) 원정을 준비했다. 기원전 12년부터 로마는 레페(Leppe)강변에 일련의 군사기지를 세워 라인강의 크산텐에서 게르만 내부로 향하는 동쪽 보급로를 만들었다.

타자에 대한 명명

유럽의 후기 철기시대에 존재했던 집단에 대한 이름은 그리스·로마 문헌을 통해 알려진 것이다. 거의 모든 경우가 이러한 명칭의 기원이나 그렇게 호명된 사람들이 그 이름을 인정하고 있었는지의 여부에 대해서는 전해지지 않는다. 현대의 많은 사례에서 알 수 있듯이 대부분의 종족명은 그 집단의 외부에서 기원하는 경우가 많다. 일부 부족명을 주화에 적용한 것을 보면 그 이름의 출처가 무엇이든 간에 일부는 로마인이 지칭한 이름을 채택했음을 알 수 있다. 여기에서는 문헌으로 전달되는 명칭과 관련된 세 가지 중요한 문제를 강조하고자 한다.

카이사르와 다른 저자들은 온대 유럽의 여러 종족을 특정 이름으로 명명하였으나 이러한 이름의 기원이나 집단을 구분하는 기준에 대해서는 설명해 놓지 않았다. 카이사르가 자신이 묘사한 집단들을 명확하게 규정된 종족으로 구분하기 위해 사용한 명칭은 갈리아와 라인강 전역에 걸쳐 비교적 동질적인 문화 경관을 보여주는 고고학 자료와는 상충된다. 철기시대 종족들에 대한 이 두 가지 상반된 양상은 어떻게 조화될 수 있을까?

그리스·로마 저자들이 토착민의 이름을 적용한 데에는 일관성이 없었다. 폴은 수에비족이라는 이름의 사례를 통해 이 문제를 설명한 바 있다. 카이사르는 어느 시점에서 수에비족을 아리오비스투스 군대에 속한 여러 집단 중 하나로 언급했다. 나중에 그는 이 이름을 확장된 방식으로 사용했다. 카이사르 이후 수십년 뒤에 스트라보(Strabo)는 이 이름을 마르코만니(Marcomanni), 콰디(Quadi), 헤르문두리(Hermunduri)를 포함한 여러 종족을 포괄하는 통칭적인 용어로 사용했다. 한 세기 후에는 타키투스(Tacitus)가 이 이름을 대규모의 종족 연합체를 가리키는데 사용했다. 더욱이 수에비라는 이름이 애초에 온대 유럽에 있던 한 집단이 자신을 지칭하기 위해 사용한 것인지, 아니면 로마인들이 만든 것인지도 분명하지 않다.

카이사르 같은 로마 저술가들은 유럽의 지정학적인 상황이 매우 역동적이었고, 자신들이 목격한 것이 빠르게 변화하는 문화환경에서의 한 순간일 뿐이며, 로마세계와의 상호작용이 지속적인 변화의 주요 요인이라는 것을 인지하지 못한 듯하다. 카이사르와 다른 저술가들은 로마 등장 이전의 갈리아와 게르만의 문화 지형을 정적인 것으로 묘사했다. 그러나 앞에서 살펴 본 것처럼 고고학 증거는 기원전 2세기 초부터 취락체계, 제조업, 매장 관행, 제의행위에서 중요한 변화가 일어났음을 명확히 보여준다. 현대의 연구자들이 카이사르와 다른 저술가들의 기록을 무비판적으로 의존했기 때문에 이러한 오류가 발생했고, 로마군대가 알프스 북쪽에서 직면했던 매우 독특한 상황을 초기 철기시대로까지 적용시키려는 시도가 조장된 것이다.

부족화
: 과정과 인식

　카이사르나 다른 어떤 그리스·로마 저술가들도 자신이 명명하고 묘사한 부족에 대한 역사적 관점을 독자들에게 제공해 주지는 않는다. 고고학 자료는 카이사르가 갈리아에 도착하기 불과 몇십 년 전에 그가 오피다라고 표현한 중앙집권화된 부족의 수도가(카이사르는 이를 시비테이츠civitates라고 표현함) 이미 발전해 있었다는 것을 분명히 보여주고 있다. 그러나 카이사르는 이를 항상 같은 모습의 변하지 않는 문화적 경관으로 묘사했다. 고고학 자료는 카이사르가 만났던 공동체, 즉 그가 벨가에족(Belgae), 헬베티이족(Helvetii), 세콰니족(Sequani), 라우라키족(Rauraci) 등의 이름으로 호칭했던 부족 집단의 형성이 최근의 현상이며 적어도 부분적으로는 로마세계와의 상호작용으로 인한 것임을 시사하고 있다. 기원전 2세기 남부 갈리아에서 로마의 활동이 강화되기 이전에 이러한 이름을 가진 집단이 존재했음을 보여주는 증거는 없다.

　이러한 변화는 복잡했지만 고고학 자료는 퍼거슨(Ferguson)과 화이트헤드(Whitehead)가 분석한 '부족화' 과정의 측면에서 잘 이해될 수 있다. 프리드(Fried)가 언급한 바와 같이 현대 인류학자들이 '부족'으로 분류한 사회유형은 복합 국가사회의 주변부에서 흔히 나타나는 현상이다. 여기서 우리가 주목하는 부족의 주요 특징은 경계가 분명한 부족영토와 종종 일시적인 임기를 갖는 공인된 지도자의 존재이다. 퍼커슨과 화이트헤드는 구성원이나 영역 그리고 지도자가 명확하게 정의되지 않은 이전의 단순사회가 존재했던 복합 국가사회의 주변부에서 부족이 형성된다고 주장했다. 이러한 현상의 주된 원인은 국가관리자들이 만나는 대다수 토착민들의 가변적인 정체성, 경계와 연맹관계의 변화 그리고 분산된 리더십 구조를 쉽게 다룰 수 없기 때문이다. 명확하게 정의된 구성원, 영역, 지도자가 있는 부족은 국가들이 효과적인 상호작용을 하는데 필요한 여러 기재를 제공한다. 따라서 팽창하는 국가의 행정기관은 토착집단이 부족구조를 만들도록 조장한다. 이 과정은 전세계적으로 수많은 민족지학적 맥락에서 분석되었으며 기원전 2세기와 기원전 1세기 온대 유럽의 고고학 증거를 이해하는 데에 유용한 모델을 제공해주었다.

이 과정에서 특징적인 것은 온대 유럽의 중부지역 전역에서 보다 명확하게 정의되고 중앙집권화된 사회정치 집단의 형성뿐만 아니라 이 '부족지대(tribal zone)' 내에서 문화의 여러 측면이 변화한 것이다. 오피다와 농장 인클로저의 조성, 대량생산이라는 새로운 기술의 도입, 집단의 이름이 새겨진 화폐의 확산은 모두 중앙집권화 및 영역화된 집단 정체화의 일면을 나타낸다. 매장 관행의 변화, 부의 매납과 관련된 새로운 행동 양식의 발전은 집단과 영토적 정체성의 변화에 따른 제의와 표현에서의 근본적인 변화 가운데 일부이다.

켈트족과 게르만족

카이사르, 타키투스, 기타 다른 그리스·로마의 저술가들이 부족명칭을 유럽에서 영역적으로 구분되는 집단으로 기록한 것 외에도 로마 저술가들은 켈트족(혹은 갈리아족)과 게르만족이라고 하는 두 개의 크고 포괄적인 주민집단을 구분해 놓았다. 이러한 명칭과 기원전 1세기에 카이사르가 특정 이름으로 묘사한 종족들의 특징은 고고학자와 역사가가 로마시대 및 그 이전 시대의 유럽인에 대한 생각을 구성하는데 큰 영향을 미쳤다. 이것은 현대의 많은 민족집단이 자신과 이웃을 인식하는 방식에서도 여전히 중요한 역할을 하고 있다.(제1장 참조)

헤로도토스시대부터 그리스·로마 저술가들은 서부 및 중부 유럽의 주민들을 켈트족이나 갈리아족이라고 불렀다. 카이사르는 자신이 게르만족이라고 부른 이들에 대해 광범위하게 기록했는데, 그는 이들을 켈트족과 구별한 최초의 인물이었다. 포시도니우스(Posidonius)가 더 이른 시기에 이들에 대해 기록했을 가능성도 있으나 그의 저술은 현전하지 않는다. 여하튼 카이사르는 게르만족에 대해 다음의 두 가지 중요한 정보를 제공해 주고 있다.

게르만족은 라인강 동쪽에, 켈트족은 그 서쪽 지역에 살았다. 북부 유럽에 대한 그리스의 문화-지리학적 모델에 따르면 켈트족은 서쪽 땅을, 스키타이족은 동쪽 땅을 차지했다. 카이사르의 기록에는 게르만족은 이 둘 사이에 거주했던 것으로 나온다.

게르만족은 켈트족보다 문명화가 덜 되어 있었고 로마와는 근본적으로 달랐으며 더 단순한 생활 방식을 가지고 있었다. 게르만족은 갈리아의 오피다 같은 마을에서 살지 않았다. 켈트족만큼 높은 수준의 제의도 없었으며 많은 시간을 사냥과 군사활동에 할애하였고 농사는 거의 짓지 않았다. 갈리아의 켈트족과는 달리 게르만족은 영속적인 지도자 없이 단순한 정치체제를 갖고 있었다. 카이사르는 켈트족과 게르만족이 서로 다른 족속(nationes)으로 구성되어 있다고 주장했다. 그리스·로마의 민족지학 모델은 모든 문화변수가 공동으로 연동하여 변한다는 관점을 가지고 있었기 때문에, 카이사르는 이들을 근본적으로 겹치지 않고 구별되는 집단으로 표현했다. 그러나 카이사르의 기록에서도 그가 암시한 것만큼 구별이 뚜렷하지는 않았음을 보여주는 모순점들이 있다.

카이사르는 자신의 원정을 기록한 군사지도자였다. 온대 유럽의 집단들에 대한 그의 표현은 이러한 관점에서 평가될 필요가 있다. 현재 대부분의 역사가들은 카이사르가 원정을 기록한 주요 목적이 원로원을 비롯한 로마의 지배 엘리트들에게 자신의 업적을 알리고 더 큰 정치권력으로의 진입을 용이하게 하기 위한 것이었다는 데에 동의한다. 그의 저술 동기와 표현기법에 대해서는 많은 연구가 있지만 이것은 본서와 관련이 없는 것이므로 다루지 않기로 한다. 여하튼 현대 연구자들은 라인강을 켈트족과 게르만족 사이의 경계라고 한 그의 주장이 갈리아 정복을 완수하는 데 필요한 지지기반을 얻기 위한 것이라고 생각하고 있다. 그리스·로마의 문화지리적 경관에서 하천은 종족들 사이의 경계로 여겨졌다. 논의를 더 확장해 보면, 카이사르는 라인강이 한 종족과 다른 종족의 경계라고 로마의 정치 권력자들을 설득할 수 있었고, 갈리아 원정을 마쳤을 때 그는 특정 종족에 대한 정복을 완수했다고 주장할 수 있었을 것이다.

게르만족에 관한 카이사르의 기록을 분석한 룬드(Lund)는 카이사르의 표현을 살펴보는 데에 유용한 통찰력을 제공했고 일부 복잡하게 얽혀 있는 것을 잘 설명해 주었다. 카이사르는 자신의 책에서 라인강 동쪽에서 강을 건너 갈리아로 이주한 소규모의 집단을 게르마니로 구분했다. 또한 라인강 동쪽 땅을 지칭하기 위해 지리 용어로 게르마니아라는 명칭을 사용했다. 그는 라인강 서쪽의 갈리와 병치시켜 라인강 동쪽의 모든 종족을 가리키기 위해 게르마니족, 즉 게르마니아에 거주하는 사람들이라는 개념을 만들어 냈다. 모든 자료는 이 명칭들이 토착 주민이 아니라 카이사르, 또는 포시도니우스와 같은 사람들에 의해 만들어졌음을 보여주고 있다. 당시 로마인들이 게르마니족이라고 불렀던 사람들이 스스로를 게르마니족이라고 생각했다고 볼 이유는 없지만, 그들은 분명히 로마인들이 자신들을 향해 그 이름을 사용하고 있다는 것을 알게 되었을 것이다.

로마인들은 전체적으로 라인강 동쪽의 게르만족에 대한 카이사르의 지리적·문화적 특성화를 받아들이게 되었고, 라인강을 따라 종족적 또는 문화적 구분이 이루어진다는 이 분류모델은 현대고고학 및 역사학 논저에도 여전히 남아 있다. 그러나 로마시대 초기조차 카이사르의 개념이 (토착 주민들은 말할 것도 없고) 모든 사람들에게 받아들여진 것은 아니었다. 그리스 지리학자 스트라보(Strabo)는 게르만족을 별개의 종족으로 보지 않고 더 큰 범주의 켈트족 집단의 일부로 생각했다. 또한 그리스 출신의 로마 역사 학자인 카시우스 디오(Cassius Dio)는 서기 200년경에 로마인이 게르마니아라고 불렀던 지역을 지칭하기 위해 켈티카(Keltica)라는 지리용어를 사용했다. 그는 게르마니아라는 용어를 아우구스투스가 속지로 병합하고자 했던 라인강과 엘베강 사이의 지대를 가리키는 좁은 의미로만 사용했다. 언어학적 또는 고고학적 증거 어느 것도 라인강 서쪽의 갈리아인과 라인강 동쪽의 게르만인을 별개의 종족으로 구분한 카이사르의 분류를 뒷받침해주지 않는다. 카이사르나 다른 어떤 고대 저술가도 언어를 켈트족과 게르만족을 구별하는 기준으로 사용하지 않았다. '켈트어'와 '게르만어'라는 언어적 범주는 19세기에 비교언어학 분야가 발전하면서, 학문적으로 범주화된 인위적 산물임이 밝혀졌다. 따라서 후기 철기시대 유럽에서 식별되는 언어들이 이러한 범주에 정확히 일치할 것이라고 기대해서는 안된다.

그럼에도 불구하고 동전, 돌, 토기 등에 새겨진 그리스어와 라틴어 명문을 통해 언어학자는 현대의 켈트어 및 게르만어 범주와 관련된 언어를 잠정적으로나마 연결할 수 있는 특정 이름과 기타 여러 단어를 식별할 수 있게 됐다. 기원전 1세기에는 유럽의 서부, 중부 및 중동부에서 켈트어와 연결될 수 있는 이름이 나타난다. 게르만어와 연결될 수 있는 이름은 중부와 북부 유럽에서 발견된다. 이들 사이에는 상당히 중복되는 부분이 있기는 하지만 켈트어는 서쪽에서, 게르만어는 북쪽에서 좀 더 많이 나타나는 것으로 보인다. 메이드(Meid)가 경고했듯이 당시 많은 사람들은 현대 언어학적 범주로 쉽게 분류할 수 없는 언어를 사용했을 가능성이 높으며, 일부는 두 언어 집단의 요소를 결합한 언어를 사용했을 것이다. 국경이 형성되기 전, 그리고 교과서와 글쓰기가 존재하기 전의 언어는 현대사회보다 훨씬 더 다양했을 것이다.

고고학적 관점에서 보면 철기시대의 마지막 몇 세기 동안 라인강은 문학 경계가 아니었다. 오피다와 오피다에서 생산된 상품, 직사각형의 인클로저, 금속제 매납, 기타 다른 문화적 양상들이 라인강 서쪽과 동쪽 전반에 걸쳐 공통적으로 나타났다. 라인강 하류 동쪽의 북유럽 평원의 경우는 상황이 다소 달랐는데, 이 지역에서는 사회 규모도 작고 경제체제도 덜 발전되어 있었다.

라인강 중류와 상류 동쪽 지역에서 카이사르가 갈리아 원정을 벌이던 시기의 상황을 알 수 있다면, 카이사르가 게르만족을 묘사할 때 무엇을 염두에 두고 있었는지 추론할 수 있을 것이다. 갈리아 전쟁시기에 라인강 동쪽의 오피다 대부분은 쇠퇴하거나 폐기됐고, 사람들은 작은 취락지로 이주했으며 토기, 금속, 개인 장신구 같은 산업생산은 감소했다.(제5장 참조) 기원전 60년 이후 바바리아(Bavaria)에서 나타나는 다양한 매장 관행과 소규모 취락에 대한 고고학 자료는 카이사르가 묘사한 게르만인에 대한 설명을 뒷받침하는 방식으로 해석될 수 있다. 그곳에서 오피다가 쇠퇴한 후, 사람들은 확실히 갈리아 사람들보다 더 단순한 삶을 살았으며, 농경체계도 어느 정도 붕괴상태에 있었을 것이며 사냥활동이 일시적으로나마 더 중요해졌을 가능성이 있다. 로마군의 침략 위협이 닥치면서 군사적 대비가 더 중요해졌을 것인데, 이는 라인강 동쪽에서 무기를 부장하는 새로운 관행의 발생에 잘 반영되어 있다. 이런 의미에서 카이사르가 게르만족이라고 부른 집단은 갈리아인과 종족적으로 구별되는 사람들로서가 아니라 카이사르의 정복활동으로 인해 상황이 급변한 갈리아인과 매우 유사한 집단으로 이해할 수 있다.

제7장

표현에 대한 반응

 이 책의 제2장, 제3장, 제5장에서는 온대 유럽에서 발생한 이동성의 증가, 그리고 철기시대 유럽인과 지중해 연안을 따라 남쪽에 있는 주민들 및 북유럽 평원의 북쪽에 있는 주민들 사이의 좀 더 다양해지고 격증해진 상호작용의 측면에서 정체성에 대한 표현의 변화양상을 어떻게 이해할 수 있는지 보여주고자 했다. 제4장과 제6장에서는 그리스·로마의 저자들이 자신들의 관점과 이해를 바탕으로 철기시대 집단들을 어떻게 표현하였는지에 대한 문헌을 살펴보았다. 이 장에서는 기원전 마지막 1세기와 기원후 첫 두 세기 동안 로마인들의 표현 방식에 반응하여 온대 유럽 사람들이 자신들의 정체성을 재구성한 방식을 보여주는 몇 가지 자료를 검토하고자 한다.
 현대사회의 경우 타인이 자신을 묘사한 방식에 대해 사람들이 어떻게 반응하는지 잘 알려져 있으며, 이 문제는 정치적 관심사였을 뿐만 아니라 많은 연구의 주제가 되기도 했다. 기원전 마지막 세기까지 대다수의 유럽인은 로마인과 광범위하고 다양한 방식으로 상호작용에 관여하고 있었다. 상업, 군사적 용병, 외교적 교섭 등의 상호작용을 통해 개인들은 서로에 대한 지식을 얻고 어느 정도 이해할 수 있었다. 정기적이고 집약적인 상호작용의 맥락에서 많은 개인은 다른 사회의 구성원이 자신을 어떻게 바라보고 있는지 알게 되고, 자신과 자신이 속한 사회에 대한 생각을 재구성할 수 있는 기회를 충분히 갖게 됐다. 이 장에서는 이러한 집약적인 상호작용의 시기에 온대 유럽 사람들의 정체성에 미친 로마식 표현의 영향을 파악할 수 있는 몇 가지 맥락을 다루고자 한다.

철기시대 유럽인들은 자신들에 대한 그리스·로마인의 표현방식에 어떻게 반응했는지를 알려주는 기록을 남기지는 않았으나 고고학 자료에 대한 정밀한 조사와 철저한 검토를 통해 비교적 많은 것을 알아낼 수 있다. 슈메이커(Shoemaker)와 크레치(Krech)는 아메리카대륙의 유럽 이주민과 토착민 간에 일어난 상호작용의 맥락에서, 유럽인이 인디언이라고 부른 사람들에 관한 이미지가 원주민이 자신들의 정체성을 재구성하는 과정에서 어떻게 채택되고 변형되었는지 보여주었다. 현대의 사례를 들자면 솔로몬제도의 티코피아(Tikopia)라는 원주민은 외부 관찰자, 즉 인류학자가 만들어낸 묘사를 기초로 하여 자신들을 바라보는 방식을 재구성했다. 이러한 변화 프로세스는 철기시대 유럽의 경우도 매우 유사했다. 대부분의 사례에서 토착민들은 어느 정도는 외부인이 생각하고 표현하는 방식에 따라 자신을 인식하게 되었다고 보인다.

이 장에서는 다섯 가지 사례를 간략하게 소개하고자 한다. 각각의 사례는 매우 복잡한 것으로 향후 추가적인 연구가 필요하다.

기병 엘리트의 형성

기원전 1세기에 무덤의 부장품에서 박차와 무기의 결합이 일반화되었는데, 이것은 피장자가 말 탄 전사임을 표현한 독특하고 새로운 정체성에 대한 물질적 표현이었다. 카이사르는 갈리아 전쟁에 대한 설명에서 동맹 혹은 정복한 종족 가운데 갈리아인과 라인강 건너편의 게르만인 용병을 기병으로 고용했다고 묘사했다. 그의 기록을 보면 카이사르는 게르만 기병부대를 매우 가치있게 여겼고, 기병들도 그들의 능력과 충성스러운 복무로 인해 상당한 명예를 얻었음을 알 수 있다. 문헌자료는 카이사르의 갈리아 원정 이후, 기원전 48년과 기원전 36년 사이에 게르만 기병들이 이집트, 북아프리카, 마케도니아, 시실리에서 로마군에 종사했다고 적고 있다.

승마장화에 부착하는 박차는 기원전 1세기 후반에 라인강변 양쪽과 북쪽 스웨덴 중부 지역에 분포하는 후장된 전사 무덤에 규칙적으로 부장되며,(제5장 참조) 종종 로마산 물품, 특히 청동그릇과 함께 껴묻히기도 한다. 때로는 마구류와 함께 출토되기도 하며, 때로는 박차가 기마를 나타내는 유일한 지표가 되기도 한다. 이러한 무덤에서 흔히 볼 수 있는 장검은 특별히 기병용 무기로 만들어졌을 것이다. 라인란트 중부의 서쪽 모젤(Moselle)강 일대에 분포하는 후장된 남성 무덤에서 박차가 흔히 발견되는데, 이것은 카이사르가 특별히 우수한 기병으로 언급한 트레베리족(Treveri)과 관련될 가능성이 높다. 따라서 이러한 고고학 자료는 갈리아 동맹군과 라인강 동쪽의 미정복지에서 온 사람들을 포함하여 로마군과 함께 기병부대로 종사한 많은 사람들이 로마군대에서 맡은 자신들의 역할을 기반으로 정체성을 형성했음을 시사한다. 즉 로마 장군과 병사들이 자신들을 어떻게 인식하고 표현했으며 대우했는지에 기초해서 새로운 정체성을 만들었음을 보여주고 있다.

로마의 '친절한 왕들'

제국의 국경 지역에서 로마는 '친절한 왕들(friendly king)'이라고 불리는 정책을 시행했다. 이들은 토착계 통치자로서 제국 영토와 국경 너머의 잠재적 적들 사이에서 완충 역할을 했다. 이들 통치자 중 일부는 로마군의 보조 지도자로서 복무하기도 했으며 종종 로마 시민권을 부여받기도 했다. 또한 그들로부터 보호를 받는 대가로 보조금을 지급했다. 이들은 로마와 자신이 속한 사회 모두에 동질감을 느꼈다.

다뉴브 국경 바로 북쪽에 있는 모라비아(Moravia)의 무쇼프(Mušov)에서 최근에 발견된 고분은 이와 같은 '친절한 왕'의 무덤일 가능성이 있다. 적석된 봉토 아래와 넓은 목곽 안에는 로마와 재지 양쪽에서 특별한 지위를 나타내는, 아마도 약탈된 많은 부장품들이 놓여 있었다. 최소 8개체의 청동그릇, 은제 식기, 유리그릇, 도자기 접시 같은 로마식 복합 식기세트는 피장자가 로마식 식사 문화를 따랐음을 암시하며, 이는 엘리트가 자신이 속한 사회에서 자신의 지위를 재확인하는 데에 로마식 연회 의식과 자신을 중요하게 연결시키고 있었음을 의미한다. 또 다른 특별한 로마산 물품으로는 청동제 접이식 테이블과 청동램프가 있다. 벽난로의 장작을 지지하는 금속제 기구인 앤다이런 세트는 연회의 중요성을 보여주고 있다. 함께 껴묻힌 개인 장신구류, 무기류, 은과 금으로 장식된 16점의 박차는 피장자가 토착계통의 통치자였음을 나타낸다.

이와 같이 부장품에 표현된 피장자의 정체성은 로마세계에서 그가 수행한 역할과 토착지역의 철기시대 지도자의 전통적인 역할 및 상징이 복합적으로 혼재되어 있다. 피장자 또는 부장품의 복합구성을 조성한 제의 의식의 수행자들은 로마세계가 피장자를 인식한 방식을 기반으로 하여 철기시대 통치자의 전통적인 역할에 통합시켜 새롭고 복합적인 정체성을 만들어냈다.

동전에 그려진 이미지와 집단의 정체성

철기시대 후기 유럽의 여러 집단들은 그리스와 로마의 관습을 받아들여 앞면에는 인물 두상의 옆모습이 있고 뒷면에는 유의미한 기호가 있는 동전을 처음으로 주조하기 시작했다. 기원전 1세기부터 동전에 라틴 문자로 전설을 새겼다. 어떤 경우는 동전을 발행한 사람의 이름이, 어떤 경우는 부족이나 장소의 이름이 새겨졌다. 이러한 관행은 중요한 변화를 암시한다. 이 중 하나는 오피다에 대규모 사회집단이 형성되던 시기에 여러 집단을 통합하는 강력한 개인의 등장이다.(제5장 참조) 이러한 변화는 적어도 부분적으로는 로마가 정복 이전에 유럽 사람들을 다룬 방식, 즉 로마가 그들을 독립된 별개의 부족 단위로 표현한 방식의 결과로 나타났다.

집단의 정체성을 나타내는 상징을 만드는 과정에서 철기시대 종족들은 정치적 선전을 위한 매개체로 로마 동전을 채택했다. 주조된 동전의 앞면에는 통치자의 두상이, 뒷면에는 통치자의 이름과 부족의 의미있는 도상이 새겨졌다. 특히 주목할 만한 사례는 베르킨게토릭스(Vercingetorix)가 발행한 금화이다. 로마군대에 대항한 갈리아의 최후 전투에서 군사 지휘관이자 정치적 통합자였던 그는 로마 동전과 유사한 방식으로 자신의 두상 주위에 라틴어로 자신의 이름이 세겨진 동전을 주조했다. 이러한 표현방식은 개별 지도자와 집단 정체성에 대한 메시지를 전달하기 위해 동전을 사용한 로마의 아이디어를 상당 부분 차용한 것으로서, 베르킨게토릭스가 로마의 표현방식을 채용해 자신의 것으로 만들었음을 보여준다. 아이러니하게도 로마의 지배에 대항한 갈리아 최후의 지도자가 로마의 것을 차용한 것이다.

충돌
: 라인강에 대한 로마식 표현 대 토착민의 이해

이 책의 제5장에서 설명한 바와 같이, 카이사르가 라인강을 갈리아의 동쪽 경계로 처음 설정하기 전까지는 라인강이 문화적 경계였다는 증거는 없다. 라인강이 켈트족과 게르만족 사이의 경계였다고 한 것은 처음에는 그의 주석에서 주장된 것이고, 나중에는 정복을 통해 확립된 것이다. 카이사르는 처음에 서로 다른 두 종족 사이의 문화적 또는 종족적 경계의 의미로 기록했는데, 나중에 그는 자신이 게르마니아라고 부른 라인강 동쪽의 미정복지와 정복된 갈리아 사이의 정치적 경계라는 의미로 사용했다. 로마의 문헌 자료는 갈리아 정복 후 수 십년 동안 라인강 동쪽에서 온 집단들이 라인강을 건너 갈리아로 습격한 사실을 전해주고 있다.(제6장 참조) 아우구스투스 황제는 기원전 15~13년에 국경의 방어를 강화하고, 게르만 지역으로의 군사적 원정을 계획하면서 라인란트에서 많은 시간을 보냈다.

로마 문헌들은 게르만족의 습격을 로마-갈리아의 전리품에 대한 욕망때문인 것으로 표현했는데, 오늘날에도 이러한 견해를 받아들이는 경향이 있다. 그러나 앞 장에서 논의한 내용을 고려해보면, 이와는 다른 해석으로 당시의 습격을 더 잘 이해할 수 있다. 즉, 고고학 자료로 판단해 보면 로마가 라인강을 국경으로 설정한 것은 공통의 정체성을 공유하는 사람들이 거주하던 땅에 인위적인 경계를 만든 것임을 알 수 있다.(제5장 참조) 이 경계가 만들어지면서 로마는 카이사르가 묘사한 방식대로 토착 주민들의 정체성이 강을 기준으로 하여 나뉘는 것으로 인식했다. 그리고 로마는 이러한 인식을 군사력으로 고착시켰다. 그러나 카이사르의 갈리아 원정 이전에 라인강 양 쪽에서 나타나는 높은 수준의 균질성을 보여주는 고고학 자료를 고려해 보면, 라인강을 건넌 여러 차례의 습격은 강 동쪽의 미정복된 집단 일부가 로마의 경계선 획정에 대항하는 시도였을 가능성이 높다. 로마의 저술가들이 로마 영토에 대한 습격과 악탈로 표현한 것은, 침략자들에게는 *외저*에 의해 갈라진 종족을 재통합하기 위한 저항이었을 것이다.

로마화의 거부
: 저항으로서의 매장 표현

알프스 북부지역에 관한 로마의 문헌 자료는 토착민과의 상호작용을 로마 양식의 수용과 평화라는 측면에서 묘사하고 있다. 개선문, 화상석, 동전 등과 같은 공식적인 시각 표현은 순종적이고 피동적인 토착민을 묘사하고 있다. 그러나 많은 문헌과 고고학 자료들은 이러한 공식적인 설명들이 지역에서 일어나고 있었던 많은 일을 모호하게 은폐하고 있음을 보여준다. 역사적으로 기록된 반란들은 공식 문헌이 암시한 것처럼 모든 토착민이 순종적이지는 않았음을 분명하게 보여준다. 스콧(Scott)의 연구가 보여준 바와 같이 지배정권에 대한 대부분의 저항은 반란 같은 노골적인 방식이 아니라 더 미묘한 형태로 이루어졌다. 로마 속지에서 나타나는 장례 의식의 다양한 표현들은 정복된 사람들을 복종적이고 온순한 민족이라고 표현한 공식적인 기술에 문제가 있음을 보여준다.

룩셈부르크의 괴블링겐-노스펠트(Goeblingen-Nospelt) 유적에서 최근에 발굴된 무덤 14호는 무덤 A와 무덤 B 바로 옆에 위치하는데(제5장 참조) 피불라 브로치 8점과 거울 1점 등 후기 철기시대 유럽 여성에게 보이는 특징적인 물건을 부장하고 있었다. 다른 무덤과 마찬가지로 화려한 연회용품도 포함되어 있었다. 이탈리아산 수입품으로는 청동대야 2점, 국자와 체 1쌍, 아레초(Arezzo)산 테라 시질라타(terra sigillata) 질그릇 1점이 있었다. 암포라 하나에는 생선소스가 남아 있었다. 무덤의 묘실 맨 위에는 도자기 1점이 놓여 있었는데, 신에게 바치는 헌주용으로 보인다. 제의 관행의 지속성과 관련하여 주목되는 것은 불탄 동물 뼈 잔해와 대부분 불에 탄 동전이 들어 있는 작은 구덩이들이 봉분 안에서 발견되었다는 점이다. 구덩이들에서 모두 58점의 동전이 발견되었는데, 이 동전들은 기원전 20년부터 기원후 2세기 중반까지의 기간에 유통된 것들이었다. 사람들이 150년 동안 계속해서 이 여성의 무덤에 재물을 바친 것이다. 무덤에 집중된 반복적인 헌납행위를 보여주는 이러한 증거는 제의를 수행한 사람들이 로마인과는 다른 사람이라는 자신들의 정체성을 장기간에 걸쳐 재확인하고 있었음을 보여준다.

남부 바이에른(Bavaria)에서 하임슈테텐(Heimstetten) 집단으로 알려진 무덤과 물속 퇴적물들은 로마인의 표현에 대해 또다른 종류의 문제를 제기한다. 하임슈테텐 유적에서는 대략 기원후 30~60년 사이로 편년되는 3기의 무덤이 발견되었는데, 여성의 인골들이 남아 있었으며, 여기에는 기원전 2세기 후기 철기시대 여성의 무덤에 특징적인 여러 종류의 개인 장신구, 즉 피불라 브로치, 팔찌, 유리와 호박으로 된 구슬, 투공한 벨트고리 등이 재지산 토기와 함께 껴묻혀 있었다.(제3장 참조) 외관상으로 보아 대부분의 부장품은 당시에 보편적으로 사용되던 장신구와는 달리 확실히 고풍스런 것들이었다. 이러한 복고풍의 장신구로 피장자를 꾸미고 매장하는 행위는 기원전 15년에 로마가 이 지역을 정복하고 두 세대가 지난 시점에, 오랫동안 잊혀졌던 장례 관행의 전통을 재현한 것이었다. 남부 바이에른의 여러 곳에서 발견된 약 20기의 하임슈테텐 무덤은 로마가 부여한 가치와 관습에 반대하여 오랫동안 기억되어 온 장례 전통을 기반으로 공동체 의식을 통해 자신들의 정체성을 재현하고자 했던 결과로 이해할 수 있다. 과거의 제의 관행을 재현하려는 현상은 무덤의 부장품과 같은 종류의 유물이 들어 있는 물속 퇴적물에서도 분명하게 나타난다.

서부 라인란트의 바덴하임(Badenheim)에서 최근에 발굴된 무덤은, 로마 엘리트의 특별한 지위와 물질적 부속품을 제공하여 토착 엘리트들을 회유하고 로마제국의 행정구조에 동화시키려 했던 로마의 정책에 대항한 집단의 사례를 보여준다. 이 무덤은 기원전 1세기 중반 이후에 조성된 것인데, 부장품으로 정교하게 제작되고 화려하게 장식된 검집과 그 속에 든 장검이 출토됐다. 일반적으로 이러한 검집의 대부분은 로마에서 수입된 자기와 청동그릇들이 부장된 후장 무덤에서 출토된다. 그러나 바덴하임 무덤의 경우는 추가적으로 돼지로 추정되는 동물뼈와 함께 재지산 도자기만 7점이 부장됐다. 로마산 제품이 없다는 사실은 매우 놀라운 일이다. 왜냐하면 기원전 2세기 중반부터 이 지역의 거의 모든 후장 무덤에는 로마산 그릇이 부장되고 화려하게 장식된 검집의 부장을 통해 피장자의 특별한 신분을 분명하게 나타내고 있기 때문이다. 이 무덤의 유물 갖춤새와 이에 수반된 장례 의식은 피장자와 그 애도자들이 '토착 엘리트가 로마정부에 협력할 것이라는 로마식 사고를 거부했다'는 메시지를 전달하기 위해 수행되었음을 보여주고 있다.

로마에 의해 도입된 양식과 가치를 거부했다는 증거는 갈리아 북부와 라인란트 지역에 있는 여성의 무덤 복합체 및 석상에서도 명확하게 드러난다. 이 지역에는 전통적인 제의 관행과 새로 도입된 제의 사이의 갈등을 보여주는 고고학 자료가 많이 분포해 있다. 기원후 1세기에는 드레스와 개인 장신구의 특정조합이 엘리트 여성의 상징이 됐다. 룩셈부르크(Luxembourg)의 노스펠트-크레켈비에르크(Nospelt-Krëckelbierg)와 독일 자르(Saar)지역의 로르바흐(Rohrbach) 무덤군으로 대표되는 이 조합에는 4개 혹은 5개의 피불라 브로치, 청동거울, 유리 향수병, 대형의 고급 도자기 세트, 다량의 로마산 자기세트 등이 포함되어 있다. 개인 의복 장식세트는 여성들이 의상을 장식하는 필수품으로서, 금속제품을 단순한 장식으로만 착용했던 로마의 일반적인 관습과는 구별된다.

독일 마인츠-바이제나우(Mainz-Weisenau)에서 발견된 메니마네(Menimane)라는 이름의 여성과 이 여성의 남편 블루수스(Blussus)가 표현된 묘비석은 피불라 브로치 세트의 사용법을 잘 보여주고 있다.(그림 13) 피불라 브로치 하나는 앞쪽에 소매가 없고 헐렁한 튜닉 같은 의상을 고정하고, 다른 하나는 그녀의 어깨 위의 겉 옷을 고정하고 있다. 세 번째 피불라 브로치는 랩을 튜닉에 고정시키는 데에 사용되었고, 네 번째 피불라 브로치는 오른쪽 어깨 위에 있는 숄에 부착되어 있다. 이 묘비석은 피불라 브로치 세트를 어떻게 착용하는지를 보여주는 것 외에도 또 다른 중요한 의미가 있다. 즉, 인물을 묘사한 석조 조각과 라틴어로 된 문장이 로마식이라는 점이다. 토착계 복장의 표현은 피장자 자신 또는 묘비석에 그림을 그린 사람들이 피장자를 로마인이 아닌 토착민으로 생각하고 있었음을 강하게 시사한다. 피장자가 실제로 조각에 묘사된 종류의 옷을 입었는지의 여부보다 장례 관행의 표현에서 이를 선택했다는 것이 더 중요하다. 무덤과 묘비에 있는 피불라 브로치 양식은 위와 같은 장식 조합이 로마의 갈리아 정복 이후에도 일부 여성이 토착적 정체성을 나타내는 중요한 표식이었음을 보여준다.

그림 13. 메니마네(왼쪽)와 그녀의 남편 블루수스가 표현된 묘비석
독일 마인츠-바이제나우 유적에서 출토됐다. 여성의 경우 서로 다른 스타일의 의상, 옷에 부착된 피불라 브로치, 목걸이에 장식된 거대한 펜던트를 비롯해 옷과 장신구 등 많은 부분이 표현되어 있다. 반면 남성의 경우는 장식 없이 다소 밋밋한 옷차림을 하고 있다.

(사진 : Heiko Fischer / Wikimedia Commons, 재편집)

제8장

글을 마치며

    이 책에서는 철기시대 유럽의 물질문화에 나타나는 여러 양식을 정체성이라는 측면에서 해석할 수 있다는 것을 보여주고자 했다. 결론에서는 '이러한 해석들이 타당한 것인지를 어떻게 알 수 있는가?'라는 질문을 제기하고자 한다. 초기 철기시대 벨트판의 장식, 취락 주변에 조성된 성벽, 후기 철기시대의 피불라 브로치 양식의 변화, 남성 무덤에 부장된 박차가 실제로 정체성의 표현인지 어떻게 판단할 수 있는가? 물질적 자료, 즉 고고학 자료에서 보이는 이러한 양식이 철기시대 유럽인들이 타자의 관계 속에서 자신에 대해 생각하고 느낀 방식에 대해 무엇인가를 말해 줄 수 있는가? 아니면 정체성에 대한 오늘날의 우리 생각을 고고학 증거에 투영하고 있는 것인가?

    이러한 질문은 고고학과 역사학에서 인류의 과거를 이해하기 위한 시도의 근본적인 문제의식이기도 하다. 인류의 행위에 관심을 갖고 있는 연구자로서 유용한 자료를 평가하는 과정에서 우리 자신의 생각이나 경험을 응용하는 것을 피할 수는 없다. 그러나 물질자료에서 나타나는 양식을 주의깊게 확인하고 민족지적 상황을 통해 전근대인에 대해 배우는 맥락에서 자료를 평가한다면 과거에 사람들이 정체성 문제를 어떻게 다루었는지를 이해하는 데에 어느 정도 도움이 되게 복원을 할 수 있다고 믿는다.

그리스·로마 문헌 자료와 같이 다른 사람이 기록한 묘사에 의존하기보다는 철기시대 주민들이 제작한 개인 장신구류, 도구류, 무기류, 무덤의 구조와 문화 경관 등에 집중함으로써 그들이 자신에 대한 정보를 전달한 방식으로 당시 사람들의 의도를 파악할 수 있는 기회를 갖는 것이 중요하다. 물질문화와 그것이 전달하는 관계에 대한 이해가 높아지면 정체성을 주제로 하는 연구에 더 높은 신뢰도를 부여할 수 있을 것이다.

향후 이 분야의 연구에서 좋은 성과를 내기 위해서는 고고학 유적에서 발견되는 내용물 뿐만 아니라 여러 맥락에 대한 치밀한 조사에 더 많은 관심을 기울여야 한다. 주거지를 복원하기 위해 취락에서 조사된 기둥구멍의 양식에 주로 초점을 맞추거나, 혹은 사회적 지위를 연구하기 위해 후장 무덤에 부장된 유물의 특징에 초점을 맞추는 대신, 힐(J. D. Hill)이 취락지에서 조사된 매납갱의 퇴적물에 대한 구조화된 특징을 연구한 것과 같은, 그리고 요르그 비엘(Jörg Biel)이 호흐도르프(Hochdorf)에서, 오토헤르만 프레이(Otto-Herman Frey)와 프리츠루돌프 헤르만(Fritz-Rudolf Herrmann)이 글라우베르크(Glauberg)에서 진행했던 것과 같은 연구가 더 필요하다. 맥락에 대한 강조는 과거 인간의 행위 즉, 사람들이 실제로 무엇을 했으며 어떻게 했는가를 더 잘 이해할 수 있게 해준다. 그러나 사람들이 왜 그렇게 했는지에 대한 이유를 제시하기 위해서는 민족지학과 민족사학적 유추에 어느 정도는 의존해야 한다.

부록

서지 에세이
참고문헌
지도·그림 목록
찾아보기

부록

서지 에세이

철기시대 유럽, 그리스·로마 문헌, 문화적 정체성에 관한 자료는 매우 방대하다. 이 책에 인용된 서지 자료는 선별된 것으로 이외 훌륭한 연구성과가 많다. 인용 자료의 대부분은 이 책이 다루고 있는 주제 관련 최근의 연구성과들이며, 가능한 영어로 된 연구물도 포함시켰다.

서문

1969년 바르트(Fredrik Barth)의 연구는 정체성에 관해 새롭게 생각하는 데에 큰 영향을 주었다.

제1장 철기시대의 고고학과 정체성

다른 세계의 정체성에 접근하기

정체성은 누구의 관점인가?
Critical approaches to historical texts: White 1978, Dening 1988. To Greek and Roman texts in particular: Cartledge 1993; Timpe 1989, 1996; Morris

2000. Imperial literature and representations of the other: Pratt 1992, Schwartz 1994.

정체성과 고고학

Fundamentally different worlds of others, present and past: Geertz 1983, Lowenthal 1985; specifically for Iron Age: Barrett 1988, Fabech 1991, Hill 1992. Problematic nature of the words we use: Pohl 1997.

행위의 고고학

Differences between non-literate and literate peoples: Goody 2000.

종족성과 정체성

Importance to modern identities of ideas about past peoples: Jones and Graves-Brown 1996; specific cases: Dietler 1994 on France, Wolfram 1995 on Germany, Schama 1999: 229, 629-38 on Rembrandt; Collis 1996, Evans 1999, James 1999, Megaw and Megaw 1999 on Celts. Venice exhibition: Leclant and Moscati 1991.

물질문화, 정체성, 대리인

Objects as media of communication: Shanks and Tilley 1987; material evidence as indication of social practice: Barrett 1988; DeMarrais *et al.* 1996. Identity as fluid, contingent: Bentley 1987, Eriksen 1993. Individual agency in archaeology: Carr and Neitzel 1995.

정체성의 정의와 특징

Graves-Brown *et al.* 1996, Jones 1997 and 1999, Anthony 1998, Grahame 1998, Smith 1999.

정체성의 표현

행위와 정체성

Relationship between material culture and identity: Shennan 1989, Jones 1997, Pohl 1997 and 1998.

물질적 표현

Objects as media of social action: Appadurai 1986, Gosden and Marshall 1999. Material culture and identity: Eriksen 1992; clothing: Eicher 1995; pottery: Dietler and Herbich 1998, MacEachern 1998; jewellery: Sørensen 1997; houses: Hingley 1992, Roymans 1996. Burial practice: Pearson 1999. Everyday life as expression of identity: Dening 1988: 99, Linde-Laursen 1993, Jones 1999. Ritual: Rappaport 1999. Materialization: DeMarrais *et al*. 1996.

타자에 대한 정체화

Outsiders' representations: Said 1978, Dening 1988, Hartog 1988, Pratt 1992, Schwartz 1994, Krech 1999.

정체성의 역동성

변화와 정체성

Jones 1997: 95 presents examples from Comaroff and Comaroff 1992: 935-63.

어떻게 물질문화가 정체성을 구성하는가

Material culture structures identity: Csikszentmihalyi and Rochberg-Halton 1981, Appadurai 1986. Imported goods and identity: Helms 1988, Rogers 1990, Thomas 1991, Orlove and Bauer 1997.

외부인의 문헌기록과 정체성의 역동성

Widespread phenomenon: Hartog 1988. Early Mesopotamia: Nissen and Renger 1987. China: *Tso chuan*, Mesoamerica: *Florentine Codex*. Early modern period: Greenblatt 1991, Pratt 1992, Schwartz 1994. Lack of understanding of indigenous peoples' history: Wolf 1982, Timpe 1996. Raleigh: Whitehead 1997. Identity change in contact-period America: Albers 1996, Hickerson 1996, Hill 1996.

부족지대

Tribe as category: Fried 1975. Tribalization process: Ferguson and Whitehead 1992, Hill 1996.

이동성, 상호작용, 정체성

Long-distance effects of expanding states: Farriss 1984. Contact and political and status identity of leaders: Helms 1988. Roles of imports: Hansen 1995.

제2장 유럽 초기 철기시대에 나타나는 정체성의 변화

철기시대의 개념과 특징

Overviews of Iron Age archaeology: Collis 1984a, Cunliffe 1997.

물질적 표현에서의 새로운 양식

Late Bronze Age: Harding 2000. Belt plaques: Kilian-Dirlmeier 1972 and 1975. Dattingen and Magdalenenberg: Alt *et al.* 1995. Enclosed farmsteads: Nagler-Zanier 1999. Regional groupings in Late Bronze Age: Kristiansen 1998: 64 fig. 26; Early Iron Age: Griesa and Weiss 1999, Elite burial practices in different regions: Pare 1997, Alvarez-Sanchís 2000, Biel 1985a, Dobiat 1980, Egg 1996a, Kull and Stinga 1997, Rolle 1989, Palavestra 1994.

이동성과 상호작용

Individual mobility in Bronze Age: Jockenhövel 1991. Ilse cemetery: Bérenger 2000. Witaszkowo: Alexandrescu 1997. Mobility in Eurasia and the Mediterranean: Sherratt and Sherratt 1993, Shanks 1999.

정체성과 상호작용

Distinctive neighbouring communities on middle Elbe: Weiss 1999.

수입품, 엘리트, 지역성

Hochdorf: Biel 1985a, 1996; Krausse 1999. Feasting remains at kurgans: Onyshkevych 1999. Pits in kurgans: Pshenichniuk 2000. Enclosure and sculptures at Vix: Chaume, Olivier and Reinhard 1995, Chaume 1997. Centres: Alvarez-Sanchís 2000, Chaume 1997, Kimmig 1983, Stična: Gabrovec 1974, Belsk: Rolle 1989, Melyukova 1995.

인물 형상과 정체성

Human figure in Early Iron Age: Reichenberger 1995, Bouzek 1997. Strettweg: Egg 1996b. Hirschlanden: Zürn 1970. Greek and steppe iconography: Boardman 1996, Koch 1998, Reeder 1999.

제3장 지역 간 정체성의 형성

새로운 스타일의 장식

La Tène style: Jacobsthal 1944, Pauli 1978, Megaw and Megaw 1989, Frey 1995a. Steppe art influence: Guggisberg 1998.

후장厚葬무덤과 새로운 스타일

Early La Tène rich graves: Verger 1995, Echt 1999. Martial ideology: Roymans 1993. Gündlingen: Dehn 1994. Amulets in Iron Age graves: Pauli 1975. Kurgans of eastern Europe: Melyukova 1995.

자신과 타자를 향한 새로운 관점

Grafenbühl: Zürn 1970. Grächwil: Frey 1998. Kleinaspergle cups: Böhr 1988, Schaaff 1988. Plzeň-Roudná: Bašta *et al*. 1989. Glauberg: Frey and Herrmann 1997, Herrmann 2000.

라텐양식의 확산

Style spread and identity: Frey 1995b, Megaw and Megaw 1995:346, Fitzpatrick 1996. Early and middle La Tène burials: Lorenz 1978. Iwanowice: Woźniak 1991. La Tène in eastern Europe: Woźniak 1976, Zirra 1991. Status in middle La Tène cemeteries: Waldhauser 1987. Helmets: Megaw and Megaw 1989.

공공의 제의

Závist: Motyková *et al*. 1988. Gournay-sur-Aronde: Brunaux 1995, 1996. Duchcov: Motyková 1986. Hjortspring: Kaul 1988. Rogozon: Kull 1997. Filippovka: Pshenichniuk 2000. Change in ritual and society: Fabech 1991.

제4장 타자에 대한 묘사 : 최초의 기록

최초의 명명이 갖는 맥락과 의미

On the name *Keltoi*: Niese 1910: 610-11, Freeman 1996, Cunliffe 1997. *Skythai*: Alekseev 2000. Columbus example: Todorov 1984.

그리스인의 종족에 대한 개념

Cartledge 1993, Hall 1997, Romm 1998.

문헌과 이주

Syntheses in Rankin 1987 and 1995, Dobesch 1991, Szabó 1991a. Livy: Kraus and Woodman 1997, pp. 51-81. Celts in Italy: Frey 1995b. Mercenaries: Szabó 1991b. Migration as a phenomenon: Anthony 1990 and 1997, Härke 1998. Pictorial representations of Celts: Andreae 1991.

그리스인에게 켈트족은 누구였는가

Chapman 1992, Evans 1999, Megaw and Megaw 1999. Related issue regarding *Skythai*: Alekseev 2000.

제5장 후기 철기시대 경관에서의 경계와 정체성

새로운 경계의 형성

Oppida: Collis 1984b, 1995; Colin 1998. Survey at Kelheim: Murray 1993. Rectangular enclosures: Venclová 1998, Wieland 1999. Bopfingen: Krause and Wieland 1993; Nordheim: Neth 1999. Gournay and Ribemont:

Brunaux 1996 and 1999. Fellbach-Schmiden: Planck 1982. Danebury: Cunliffe 1992. Structured deposits: Hill 1995.

매납의 새로운 양상

Change in funerary practice: Krämer 1985, Frey 1986. Skeletal evidence from Manching and other sites: Lange 1983, Hahn 1992, ter Schegget 1999. Kolín and related iron hoards: Rybová and Motyková 1983. Tiefenau: Müller 1990. Llyn Cerrig Bach: Fox 1946. Gold ring and coin hoards: Furger-Gunti 1982. Niederzier: Göbel *et al*. 1991. Wallersdorf: Kellner 1989. Snettisham: Stead 1991. Burned deposit sites: Zanier 1999.

물질문화와 사회집단

Patterns of manufacturing: Wells 1996. Nauheim fibulae and mass production: Drescher 1955, Furger-Gunti 1977. Gussage All Saints: Foster 1991. Emerging regional political power: Creighton 2000. Coinage: Allen and Nash 1980, Kellner 1990.

로마의 팽창과 영역 정체성

Rome's expansion: Dyson 1985, Crawford 1993; in Gaul: Dietler 1997. Expansion of commerce in Mediterranean region after 200 BC: Hopkins 1980. Clemency: Metzler *et al*. 1991. Goeblingen-Nospelt: Metzler 1984. Seine Source and Chamalières: Romeuf 1986. Bolards: Fauduet and Pommeret 1985.

지역 간 정체성

Jastorf: Hässler 1991. Fibula distributions: Völling 1994. New cemeteries in final half first century BC: Rieckhoff 1995, Wells 1995. Weapon burial east of Rhine: Schultze 1986. International warrior elite: Frey 1986, Völling

1992. Harsefeld: Wegewitz 1937. Langå: Albrectsen 1954: 29-30. Gotland: Nylén 1955.

제6장 타자의 관점 : 그리스·로마인의 묘사

복잡하게 얽힌 것들의 누적된 결과들

Effect of small-scale indigenous societies on larger states: Daunton and Halpern 1999, Wells 1999.

문화적 구성으로서의 기록

White 1978 develops this theme. Dening 1988 and Hill 1998 apply it to contact situations. Two perspectives on Ojibway: Bieder 1985. Critical theory in dealing with early texts about others: Sparkes 1997. Issues of representation: Rohatynskyj and Jaarsma 2000. Timpe 1989 and 1996 on Roman texts and European barbarians. Critical analyses of Caesar: Dobesch 1989, Christ 1995. Livy: Kraus and Woodman 1997. Herodotus: Romm 1998. Images of passive natives: Wolf 1982, Shoemaker 1997. Problems of dealing with informants: Clifford 1992. Inquiries by outsiders affect ways people structure, perceive and represent their identities: Whitehead 1997: 63, Wilk 1999.

타자 만들어내기

Greek and Roman ideas about ethnography and cultural geography: Müller 1972, Dauge 1981, von See 1981, Romm 1992, De Caro 1997. Roman ideas about lands and peoples of temperate Europe — Timpe 1989. Construction of the idea of the Orient — Said 1978, Edwards 2000; of Britain in the Roman mind: Stewart 1995.

문헌 자료와 역사적 전통

Cimbri and Teutones: Kaul and Martens 1995, Lund 1998, Pohl 2000. Gallic War: Drinkwater 1988. Augustus in the Rhineland: Heinen 1984.

타자에 대한 명명

Roman and Greek textual sources: Rankin 1987, Champion 1985, Timpe 1998. Related problems concerning names: Basso 1988, Berkhofer 1988.

부족화

Chronology of *oppida* in Gaul: Colin 1998. Processes of tribal formation: Ferguson and Whitehead 1992. Examples that bear similarities to the situation of Late Iron Age Europe: Albers 1996, Hill 1996 and 1998, Whitehead 1997.

켈트족과 게르만족

I have explored some of these issues in Wells 1995, 1998 and 1999: 99-121. Role of modern identification with these peoples: Graves-Brown *et al.* 1996, James 1998. Roman portrayals of groups known as Germans: Lund 1998, Timpe 1998, Pohl 2000. Linguistic issues: Meid 1986 and Untermann 1989, 1993.

제7장 표현에 대한 반응

Iron Age peoples learned Romans' ideas about them: Meid 1986:210. Outsiders' representations influence identity construction: Shoemaker 1997, Krech 1999, Macdonald 2000.

기병 엘리트의 형성

Spurs as signs of horse-riding warriors in graves: Völling 1992; long swords that characterize these well-outfitted burials: Frey 1986. Gallic and Germanic cavalry in Roman service: Speidel 1994.

로마의 '친절한 왕들'

Concept of the 'friendly king': Braund 1984. Mušov: Tejral 1992.

동전에 그려진 이미지와 집단의 정체성

Legends and symbols on Iron Age coins: Allen and Nash 1980, Creighton 2000. Vercingetorix coin: Allen and Nash 1980, numbers 203 and 204.

충돌

제6장 참조.

로마화의 거부

Example of use of material culture to challenge outsiders' representations: Edwards 2000, Çelik 2000. Rebellions against Rome: Dyson 1975. Subtle forms of resistance: Scott 1990. Goeblingen-Nospelt 14: Metzler 1998. Heimstetten: Keller 1984. Badenheim: Böhme-Schönberger 1998. Indigenous-style dress in Rhineland and northern Gaul: Böhme 1985.

부록

참고문헌

고문헌 자료

본문에는 율리우스 카이사르, 카시우스 디오, 헤로도토스, 리비, 폴리비우스, 스트라보, 타키투스 등과 같은 그리스·로마 저술가의 고전문헌 다수가 인용되어 있다. 이들 문헌 중 대부분은 영어로 번역되어 출판되었다. 특히 영국에서는 윌리엄 하이네만이, 미국에서는 하버드대학 출판부가 간행한 『뢰브고전도서관(*Loeb Classical Library*)』 판본이 매우 유용하다.

현대연구논저

Albers, P.C. 1996. Changing Patterns of Ethnicity in the Northeastern Plains, 1780-1870. In Hill, pp.90-118.

Albrectsen, E. 1954. *Fynske jernaldergrave*, vol. 1: *Førromersk jernalder*. Copenhagen: Munksgaard.

Alekseev, A. 2000. The Scythians: Asian and European. In Aruz *et al*., pp.41-8.

Alexandrescu, P. 1997. Zum goldenen Fisch von Witaszkowo (ehem. Vettersfelde). In Becker *et al*., pp. 683-7.

Allen, D.F. and D. Nash. 1980. *The Coins of the Ancient Celts*. Edinburgh: Edinburgh University Press.

Alt, K.W., M. Munz, W. Vach and H. Härke. 1995. Hallstattzeitliche Grabhügel im Spiegel ihrer biologischen und sozialen Strukturen am Beispiel des Hügelgräberfeldes von Dattingen, Kr. Breisgau-Hochschwarzwald. *Germania* 73: 281-316.

Alvarez-Sanchís, J.R. 2000. The Iron Age in Western Spain (800 BC-AD 50). *Oxford Journal of Archaeology* 19: 65-89.

Andreae, B. 1991. The Image of the Celts in Etruscan, Greek and Roman Art. In S. Moscati *et al.*, pp. 61-9.

Anthony, D.W. 1990. Migration in Archaeology. *American Anthropologist* 92: 895-914.

_____ 1997. Prehistoric Migration as Social Process. In J. Chapman and H. Hamerow, eds, *Migrations and Invasions in Archaeological Explanation*, pp. 11-20. Oxford: British Archaeological Reports, International Series 664.

_____ 1998. Comment on Härke. *Current Anthropology* 39: 26-7.

Appadurai, A. 1986. Commodities and the Politics of Value. In A. Appadurai, ed., *The Social Life of Things*, pp.3-68. Cambridge: Cambridge University Press.

Aruz, J., A. Farkas, A. Alekseev and E. Korolkova, eds. 2000. *The Golden Deer of Eurasia: Scythian and Sarmatian Treasures from the Russian Steppes*. New York: The Metropolitan Museum of Art.

Barrett, J. 1988. Fields of Discourse: Reconstituting a Social Archaeology. *Critique of Anthropology* 7:5-16.

Barth, F., ed. 1969. *Ethnic Groups and Boundaries*. London: Allen and Unwin.

Basso, K.H. 1988. 'Stalking with Stories': Names, Places, and Moral Narratives among the Western Apache. In E.M. Bruner, ed., *Text, Play, and Story: The Construction and Reconstruction of Self and Society*, pp.19-55. Prospect Heights IL: Waveland.

Bašta, J., D. Baštová and J. Bouzek. 1989. Die Nachahmung einer attisch rotfiguren Kylix aus Pilsen-Roudná. *Germania* 67: 463-76.

Becker, C., M.-L. Dunkelmann, C. Metzner-Nebelsick, H. Peter-Röcher,

M. Roeder, and B. Teržan, eds. 1997. *Beiträge zur prähistorischen Archäologie zwischen Nord- und Südosteuropa*. Espelkamp: Marie Leidorf.

Bentley, G.C. 1987. Ethnicity and Practice. *Comparative Studies in Society and History* 29: 24-55.

Bérenger, D. 2000. Ilse: Ein oberrheinisches 'Ghetto' der frühen Eisenzeit an der Mittelweser? In H.G. Horn, H. Hellenkemper, G. Isenberg and H. Koschik, eds, *Fundort Nordrhein-Westfalen: Millionen Jahre Geschichte*, pp.247-9. Cologne: Römisch-Germanisches Museum.

Berkhofer, R.F. 1988. White Conceptions of Indians. In W.E. Washburn, ed., *History of Indian-White Relations*, pp.522-47. Washington: Smithsonian Institution Press.

Bieder, R.E. 1985. Introduction: *Kitchi-Gami: Life Among the Lake Superior Ojibway*, by J.G. Kohl. Trans. L. Wraxall. St. Paul: Minnesota Historical Society Press.

Biel, J. 1985a. *Der Keltenfürst von Hochdorf*. Stuttgart: Konrad Theiss.

―――― 1985b. Die Ausstattung des Toten. In D. Planck, J. Biel, G. Süsskind and A. Wais, eds, *Der Keltenfürst von Hochdorf*, pp.78-105. Stuttgart: Landesdenkmalamt Baden-Württemberg.

―――― ed., 1996. *Experiment Hochdorf: Keltische Handwerkskunst Wiederbelebt*. Stuttgart: Keltenmuseum Hochdorf/Enz.

Black, R., W. Gillies and R. O Maolalaigh, eds. 1999. *Celtic Connections*. East Linton, Scotland: Tuckwell Press.

Boardman, J. 1996. *Greek Art*. 4th ed. London: Thames and Hudson.

Böhme, A. 1985. Tracht- und Bestattungssitten in den germanischen Provinzen und der Belgica. In H. Temporini, ed., *Aufstieg und Niedergang der römischen Welt* II, 12, 3, pp. 423-55. Berlin: Walter de Gruyter.

Böhme-Schönberger, A. 1998. Das Grab eines vornehmen Kriegers der Spätlatènezeit aus Badenheim. *Germania* 76: 217-56.

Böhr, E. 1988. Die griechischen Schalen. In Kimmig, pp.176-90.

Bouzek, J. 1997. *Greece, Anatolia and Europe: Cultural Interrelations during the Early Iron Age*. Jonsered: Paul Astroms Forlag.

Braund, D. 1984. *Rome and the Friendly King*. London: Croom Helm.

Brun, P. and B. Chaume, eds. 1997. *Vix et les éphèmères principautés celtiques*. Paris: Éditions Errance.

Brunaux, J.-L. 1995. Die keltischen Heiligtümer Nordfrankreichs. In Haffner, pp.55-74.

―――― 1996. *Les religions gauloises: Rituels celtiques de la Gaule indépendante*. Paris: Éditions Errance.

―――― 1999. Ribemont-sur-Ancre(Somme). *Gallia* 56: 177-283.

Carr, C. and J.E. Neitzel, eds. 1995. *Style, Society, and Person: Archaeological and Ethnological Perspectives*. New York: Plenum.

Cartledge, P. 1993. *The Greeks: A Portrait of Self and Other*. Oxford: Oxford University Press.

Çelik, Z. 2000. Speaking Back to Orientalist Discourse at the World's Columbian Exposition. In Edwards, pp.77-97.

Champion, T.C. 1985. Written Sources and the Study of the European Iron Age. In T.C. Champion and J.V.S. Megaw, eds, *Settlement and Society: Aspects of West European Prehistory in the First Millennium B.C.*, pp.9-22. Leicester: Leicester University Press.

Chapman, M. 1992. *The Celts: The Construction of a Myth*. New York: St. Martin's.

Chaume, B. 1997. Vix, Le Mont Lassois: État de nos connaissances sur le site princier et son environnement. In Brun and Chaume, pp.185-200.

―――― L. Olivier and W. Reinhard. 1995. Das keltische Heiligtum von Vix. In Haffner, pp.43-50.

Christ, K. 1995. Caesar und die Geschichte. In M. Weinmann-Walser, ed., *Historische Interpretationen*, pp.9-22. Stuttgart: Franz Steiner.

Clifford, J. 1992. Traveling Cultures. In L. Grossberg, C. Nelson and P.A. Treichler, eds, *Cultural Studies*, pp.96-116. London: Routledge.

Colin, A. 1998. *Chronologie des oppida de la Gaule non méditerranéenne*. Paris: La Maison des Sciences de l'Homme.

Collis, J. 1984a. *The European Iron Age*. London: Batsford.

_____ 1984b. *Oppida: Earliest Towns North of the Alps*. Sheffield: Department of Prehistory and Archaeology.

_____ 1995. The First Towns. In Green, pp.159-75.

_____ 1996. Celts and Politics. In Graves-Brown *et al.*, pp.167-78.

Comaroff, J. and J. 1992. *Ethnography and the Historical Imagination*. Boulder: Westview Press.

Crawford, M. 1993. *The Roman Republic*. 2nd ed. Cambridge MA: Harvard University Press.

Creighton, J. 2000. *Coins and Power in Late Iron Age Britain*. Cambridge: Cambridge University Press.

Csikszentmihalyi, M. and E. Rochberg-Halton. 1981. *The Meaning of Things*. Cambridge: Cambridge University Press.

Cunliffe, B. 1992. Pits, Preconceptions and Propitiation in the British Iron Age. *Oxford Journal of Archaeology* 11: 69-83.

_____ 1997. *The Ancient Celts*. Oxford: Oxford University Press.

Cüppers, H., ed. 1984. *Trier: Augustusstadt der Treverer*. Mainz: Philipp von Zabern.

Dauge, Y.A. 1981. *Le Barbare: Recherches sur la conception romaine de la barbarie et de la civilisation*. Brussels: Latomus.

Daunton, M. and R. Halpern. 1999. British Identities, Indigenous Peoples and the Empire. In M. Daunton and R. Halpern, eds, *Empire and Others: British Encounters with Indigenous Peoples, 1600-1850*, pp.1-18. Philadelphia: University of Pennsylvania Press.

De Caro, S. 1997. The Northern Barbarians as Seen by Rome. In *Roman Reflections in Scandinavia*, pp.25-9. Rome: 'L'Erma' di Bretschneider.

Dehn, R. 1994. Das Grab einer 'besonderen Fraw' der Frühlatènezeit von Güindlingen, Stadt Breisach, Kreis Breisgau-Hochschwarzwald. *Archäologische Ausgrabungen in Baden-Württemberg* 1994: 99-4.

DeMarrais, E., L.J. Castillo, and T, Earle, 1996. Ideology, Materialization, and Power Strategies. *Current Anthropology* 37: 15-31.

Dening, G. 1988. *History's Anthropology*. New York: University Press of America.

Dietler, M. 1994. 'Our Ancestors the Gauls': Archaeology, Ethnic Nationalism, and the Manipulation of Celtic Identity in Modern Europe. *American Anthropologist* 96: 584-605.

_____ 1997. The Iron Age in Mediterranean France: Colonial Encounters, Entanglements, and Transformations. *Journal of World Prehistory* 11: 269-358.

Dietler, M. and I. Herbich. 1998. *Habitus*, Techniques, Style: An Integrated Approach to the Social Understanding of Material Culture and Boundaries. In Stark, pp. 282-63.

Dobesch, G. 1989. Caesar als Ethnograph. *Wiener Humanistische Blätter* 31:18-51.

_____ 1991. Ancient Literary Sources. In Moscati *et al.*, pp.35-41.

Dobiat, C. 1980. *Das hallstattzeitliche Gräberfeld von Kleinklein und seine Keramik*. Graz. Landesmuseum Joanneum.

Drescher, H. 1955. Die Herstellung von Fibelspiralen. *Germania* 88: 40-9.

Drinkwater, J.F. 1983. *Roman Gaul*. Ithaca NY: Cornell University Press.

Dyson, S.L. 1975. Native Revolt Patterns in the Roman Empire. In H. Temporini, ed., *Aufstieg und Niedergang der römischen Welt* II, 3, pp.188-75. Berlin: Walter de Gruyter.

_____ 1985. *The Creation of the Roman Frontier*. Princeton: Princeton University Press.

Echt, R. 1999. *Das Fürstinnengrab von Reinheim: Studien zur Kulturgeschichte der Früh-La-Tène-Zeit*. Bonn: Rudolf Habelt.

Edwards, H. 2000. A Million and One Nights: Orientalism in America, 1870-1980. In Edwards, pp.11-57,

_____ ed., 2000. *Noble Dreams, Wicked Pleasures: Orientalism in America, 1870-1930*. Princeton: Princeton University Press.

Egg, M. 1996a. Einige Bemerkungen zum hallstattzeitlichen Wagengrab von Somlóvásárhely, Kom. Veszprém in Westungarn. *Jahrbuch des Römisch-Germanischen Zentralmuseums Mainz* 48: 327-53.

_____ 1996b. *Das hallstattzeitliche Fürstengrab von Strettweg bei Judenburg in der Obersteiermark*. Mainz: Römisch-Germanisches Zentralmuseum.

Eicher, J.B., ed. 1995. *Dress and Ethnicity*. Oxford: Berg.

Eriksen, T.H. 1992. *Us and Them in Modern Societies*. Oslo: Scandinavian University Press.

_____ 1993. *Ethnicity and Nationalism*. London: Pluto Press.

Evans, D.E. 1999. Linguistics and Celtic Ethnogenesis. In Black *et al.*, pp.1-18.

Fabech, C. 1991. Samfundorganisation religiøse ceremonier og regional variation. In C. Fabech and J. Ringtved, eds, *Samfundorganisation og Regional Variation*, pp.283-352. Aarhus: Jysk Arkaeologick Selskab.

Farriss, N.M. 1984. *Maya Society under Colonial Rule*. Princeton: Princeton University Press.

Fauduet, I. and C. Pommeret. 1985. Les fibules du sanctuaire des Bolards à Nuits-Saint-Georges (Côte-d'Or). *Revue archéologique de l'Est et du Centre-Est* 36: 61-116.

Ferguson, R.B. and N.L. Whitehead., eds. 1992. *War in the Tribal Zone Expanding States and Indigenous Warfare*. Sante Fe: School of American Research.

Fitzpatrick, A.P. 1996. 'Celtic' Iron Age Europe: The Theoretical Basis. In Graves-Brown *et al.*, pp.238-55.

Florentine Codex, Book 10: *The People*, Trans. C.E. Dibble and A.J.O. Anderson. Santa Fe: School of American Research, 1961.

Foster, J. 1991. Gussage All Saints. In Moscati *et al.*, p.608.

Fox, C. 1946. *A Find of the Early Iron Age from Llyn Cerrig Bach, Anglesey*. Cardiff: National Museum of Wales.

Freeman, PM. 1996. The Earliest Greek Sources on the Celts. *Etudes Celtiques* 32: 11-48.

Frey, O.-H. 1986. Einige Überlegungen zu den Beziehungen zwischen Kelten und Germanen in der Spätlatènezeit. *Marburger Studien zur Vor- und Frühgeschichte* 7: 45-79.

_____ 1995a. Das Grab von Waldalgesheim: Eine Stilphase des keltischen Kunsthandwerks. In H.-E. Joachim, ed., *Waldalgesheim: Das Grab einer keltischen Fürstin*, pp.159-206. Bonn: Rheinisches Landesmuseum.

―――― 1995b. The Celts in Italy. In Green, pp.515-32.

―――― 1998. Grächwil. In *Reallexikon der germanischen Altertumskunde* 12: 527-9.

Frey, O.-H. and F-R. Herrmann. 1997. Ein frühkeltischer Fürstengrabhügel am Glauberg im Wetteraukreis, Hessen. *Germania* 75: 459-550.

Fried, M.H. 1975. *The Notion of Tribe*. Menlo Park CA: Cummings.

Furger-Gunti, A. 1977. Zur Herstellungstechnik der Nauheimer-Fibeln. In *Festschrift Elisabeth Schmid*, pp.73-84. Basel: Geographisch-Ethnologische Gesellschaft.

―――― 1982. Der 'Goldfund von Saint-Louis' bei Basel und ähnliche keltische Schatzfunde. Zeitschrift für schweizerische Archäologie und Kunstigeschichte 39:1-47.

Gabrovec, S. 1974. Die Ausgrabungen in Stična und ihre Bedeutung für die südostalpine Hallstattkultur. In B. Chropovsky, ed., *Symposium zu Problemen der jüngeren Hallstattzeit in Mitteleuropa*, pp.163-87. Bratislava: Verlag der slowakischen Akademie der Wissenschaften.

Geertz, C. 1988. 'From the Native Point of View': On the Nature of Anthropological Understanding. In *Local Knowledge*, pp.55-70. New York: Basic Books.

Göbel, J., A. Hartmann, H.-E. Joachim and V. Zedelius. 1991. Der spätkeltische Goldschatz von Niederzier. *Bonner Jahrbücher* 191: 27-84.

Goody, J. 2000. *The Power of the Written Tradition*. Washington: Smithsonian Institution Press.

Gosden, C. and Y. Marshall. 1999. The Cultural Biography of Objects. *World Archaeology* 31: 169-78.

Grahame, M. 1998. Material Culture and Roman Identity: The Spatial Layout of Pompeian Houses and the Problem of Ethnicity. In R. Laurence and J. Berry, eds, *Cultural Identity in the Roman Empire*, pp.156-78. London: Routledge.

Graves-Brown, P., S. Jones, and C. Gamble, eds. 1996. *Cultural Identity and Archaeology*. London: Routledge.

Green, M., ed. 1995. *The Celtic World*. London: Routledge.

Greenblatt, S. 1991. *Marvelous Possessions: The Wonder of the New World*. Chicago: University of Chicago Press.

Griesa, I. and R.-M. Weiss. 1999. *Hallstattzeit*. Mainz: Philipp von Zabern.

Guggisberg, M. 1998. 'Zoomorphe Junktur' und 'Inversion': Zum Einfluss des skythischen Tierstils auf die frühe keltische Kunst. *Germania* 76: 549-72.

Haffner, A., ed. 1995. *Heiligtümer und Opferkulte der Kelten*. Stuttgart: Konrad Theiss.

Hahn, E. 1992. Die menschlichen Skelettreste. In F. Maier, U. Geilenbrügge, E. Hahn, H.-J. Köhler and S. Sievers, eds, *Ergebnisse der Ausgrabungen 1984.1987 in Manching*, pp.214-34. Stuttgart: Franz Steiner.

Hall, J.M. 1997. *Ethnic Identity in Greek Antiquity*. Cambridge: Cambridge University Press.

Hansen, U.L. 1995. *Himlingøje-Seeland-Europa: Ein Gräberfeld der jüngeren römischen Kaiserzeit auf Seeland, seine Bedeutung und internationalen Beziehungen*. Copenhagen: Det Kongelige Nordiske Oldskriftsselskab.

Harding, A.F. 2000. *European Societies in the Bronze Age*. Cambridge: Cambridge University Press.

Härke, H. 1998. Archaeologists and Migration. *Current Anthropology* 39: 19-45.

Hartog, F. 1988. *The Mirror of Herodotus: The Representation of the Other in the Writing of History*. Trans. J. Lloyd. Berkeley: University of California Press.

Hässler, H.-J. 1991. Vorrömische Eisenzeit. In H.-J. Hässler, ed., *Urund Frühgeschichte in Niedersachsen*, pp.193-237. Stuttgart: Konrad Theiss.

Heinen, H.1984. Augustus in Gallien und die Anfänge des römischen Trier. In Cüppers, pp.32-47.

Helms, M.W. 1988. *Ulysses' Sail: An Ethnographic Odyssey of Power, Knowledge, and Geographical Distance*. Princeton: Princeton University Press.

Herrmann, F.-R.2000. *Der Glauberg am Ostrand, der Wetterau*. Wiesbaden: Landesamt für Denkmalpflege Hessen.

Hickerson, N.P. 1996. Ethnogenesis in the South Plains: Jumano to Kiowa? In Hill, pp.70-89.

Hill, Jeremy D.1992. Can We Recognise a Different European Past? A Contrastive Archaeology of Later Prehistoric Settlements in Southern England. *Journal of European Archaeology* 1: 57-75.

_____ 1995. *Ritual and Rubbish in the Iron Age of Wessex: A Study on the Formation of a Specific Archaeological Record*. Oxford: British Archaeological Reports, British Series 242.

Hill, Jonathan D. 1996. Introduction: Ethnogenesis in the Americas, 1492-1992. In Hill, ed. 1996, pp.1-19.

_____ 1998. Violent Encounters: Ethnogenesis and Ethnocide in Long-Term Contact Situations. In J.G. Cusick, ed., *Studies in Culture Contact: Interaction, Culture Change, and Archaeology*, pp.146-71. Carbondale IL: Center for Archaeological Investigations.

_____ ed., 1996. *History, Power, and Identity: Ethnogenesis in the Americas, 1492-1992*. Iowa City: University of Iowa Press.

Hingley, R. 1992. Society in Scotland from 700 BC to AD 200. *Proceedings of the Society of Antiquaries of Scotland* 122: 7-53.

Hopkins, K. 1980. Taxes and Trade in the Roman Empire (200 B.C.-A.D. 400). *Journal of Roman Studies* 70: 101-25.

Jaarsma, S.R. and M.A. Rohatynskyi, eds. 2000. *Ethnographic Artifacts: Challenges to a Reflexive Anthropology*. Honolulu: University of Hawai'i Press.

Jacobsthal, P. 1944. *Early Celtic Art*. Oxford: Clarendon Press.

James, S. 1998. Celts, Politics and Motivation in Archaeology. *Antiquity* 72: 200-9.

_____ 1999. *The Atlantic Celts: Ancient People or Modern Invention?* London: British Museum.

Jockenhövel, A. 1991. Räumliche Mobilität von Personen in der mittleren Bronzezeit des westlichen Mitteleuropa. *Germania* 69: 49-62.

Jones, S. 1997. *The Archaeology of Ethnicity*. London: Routledge.

_____ 1999. Historical Categories and the Praxis of Identity: The Interpretation of Ethnicity in Historical Archaeology. In P.P.A. Funari, M. Hall and S. Jones, eds, *Historical Archaeology*, pp.219-32. London: Routledge.

Jones, S. and P. Graves-Brown. 1996. Introduction: Archaeology and Cultural Identity in Europe. In Graves-Brown *et al.*, 1-24.

Kaul, F 1988. *Da våbnene tav: Hjortspringfundet og dets baggrund*. Copenhagen: National Museum.

Kaul, F. and J. Martens. 1995. Southeast European Influences in the Early Iron Age of Southern Scandinavia. *Acta Archaeologica* 66: 111-61.

Keller, E. 1984. *Die frühkaiserzeitlichen Körpergräber von Heimstetten bei München und die verwandten Funde aus Südbayern*. Munich: C.H. Beck.

Kellner, H.-J.1989. *Der keltische Münzschatz von Wallersdorf*. Munich: KulturStiftung der Länder.

_____ 1990. *Die Münzfunde von Manching und die keltischen Fundmünzen aus Südbayern*. Stuttgart: Franz Steiner.

Kilian-Dirlmeier, I. 1972. *Die hallstattzeitlichen Gürtelbleche und Blechgürtel Mitteleuropas*. Munich: C.H. Beck.

_____ 1975. *Gürtelhaken, Gürtelbleche und Blechgürtel der Bronzezeit in Mitteleuropa*. Munich: C.H. Beck.

Kimmig, W. 1983. *Die Heuneburg an der oberen Donau*. 2nd ed. Stuttgart: Konrad Theiss.

_____ ed., 1988. *Das Kleinaspergle*. Stuttgart: Konrad Theiss.

Koch, J.K. 1998. Symbol einer neuen Zeit. In A. Müller-Karpe, H. Brandt, H. Jöns, D. Krausse and A. Wigg, eds, *Studien zur Archäologie der Kelten, Römer und Germanen in Mittel- und Westeuropa*, pp.291-306. Rahden: Marie Leidorf.

Krämer, W. 1985. *Die Grabfunde von Manching und die latènezeitlichen Flachgräber in Südbayern*. Stuttgart: Franz Steiner.

Kraus, C.S. and A.J. Woodman. 1997. *Latin Historians*. Oxford: Oxford University Press.

Krause, R. and G. Wieland. 1993. Eine keltische Viereckschanze bei Bopfingen am Westrand des Rieses. *Germania* 71: 59-112.

Krausse, D.1999. Der 'Keltenfürst' von Hochdorf: Dorfältester oder Sakralkönig? *Archäologisches Korrespondenzblatt* 29: 339-58.

Krech, S. 1999. *The Ecological Indian*. New York: W.W. Norton.

Kristiansen, K. 1998. *Europe Before History*. Cambridge: Cambridge University Press.

Kull, B. 1997. Orient und Okzident: Aspekte der Datierung und Deutung des Hortes von Rogozon. In Becker *et al.*, pp.689-709.

Kull, B. and I. Stinga. 1997. Die Siedlung Oprişor bei Turnu Severin (Rumänien) und ihre Bedeutung für die thrakische Kunst. *Germania* 75: 551-84.

Lange, G. 1983. *Die menschlichen Skelettreste aus dem Oppidum von Manching*. Wiesbaden: Franz Steiner.

Leclant, J. and S. Moscati. 1991. Foreword. In Moscati *et al.*, pp.13-14.

Linde-Laursen, A. 1993. The Nationalization of Trivialities: How Cleaning Becomes an Identity Marker in the Encounter of Swedes and Danes. *Ethnos* 58: 275-93.

Lorenz, H. 1978. Totenbrauchtum und Tracht: Untersuchungen zur regionalen Gliederung in der frühen Latènezeit. *Bericht der Römisch-Germanischen Kommission* 59: 1-380.

Lowenthal, D. 1985. *The Past is a Foreign Country*. Cambridge: Cambridge University Press.

Lund, A.A. 1998. *Die ersten Germanen: Ethnizität und Ethnogenese*. Heidelberg: Universitätsverlag C. Winter.

Macdonald, J. 2000. The Tikopia and 'What Raymond Said'. In Jaarsma and Rohatynskyj, pp.107-23.

MacEachern 1998. Style, Scale and Cultural Variation: Technological Traditions in the Northern Mandara Mountains. In Stark, pp.107-31.

Megaw, R. and V. 1989. *Celtic Art*. London: Thames and Hudson.

——— 1995. The Nature and Function of Celtic Art. In Green, pp.345-75.

——— 1999. Celtic Connections Past and Present. In Black *et al.*, pp.19-

81.

Meid, W. 1986. Hans Kuhns 'Nordwestblock'-Hypothese: Zur Prolematik der 'Völker zwischen Germanen und Kelten'. In H. Beck, ed. *Germanenprobleme in heutiger Sicht*, pp.183-212. Berlin: Walter de Gruyter.

Melyukova, A.I. 1995. Scythians of Southeastern Europe. In J. Davis-Kimball, V.A. Bashiloy, and L.T. Yablonsky, eds, *Nomads of the Eurasian Steppes in the Early Iron Age*, pp.27-62. Berkeley: Zinat Press.

Metzler, J, 1984. Treverische Reitergräber von Goeblingen-Nospelt. In Cüppers, pp.87-99.

―――― 1998. Goeblingen-Nospelt. In *Reallexikon der germanischen Altertumskunde* 12: 268-76.

Metzler, J., R. Waringo, R. Bis, and N. Metzler-Zens. 1991. *Clemency et les tombes de l'aristocratie en Gaule Belgique*. Luxembourg Musée National d'Histoire et d'Art.

Morris, I. 2000. *Archaeology and Cultural History*. Oxford: Black well.

Moscati, S., O.-H.Frey, V. Kruta, B. Raftery and M. Szabó, eds. 1991. *The Celts*. New York: Rizzoli.

Motyková, K. 1986. Duchcov. In *Reallexikon der germanischen Altertumskunde* 6: 311-15.

Motyková, K., P. Drda and A. Rybová. 1988. Die bauliche Gestalt der Akropolis auf dem Burgwall Závist in der Späthallstatt- and Frühlatènezeit. *Germania* 66: 391-436.

Müller, F.1990. *Der Massenfund von der Tiefenau bei Bern*. Basel: Schweizerische Gesellschaft für Ur- und Frühgeschichte.

Müller, K.E. 1972. *Geschichte der antiken Ethnographie und ethnologischen Theoriebildung* 1. Wiesbaden: Franz Steiner.

Murray, M.L. 1993. The Landscape Survey, 1990-1991. In P.S. Wells, ed., *Settlement, Economy, and Cultural Change at the End of the European Iron Age: Excavations at Kelheim in Bavaria, 1987-1991*, pp.96-184. Ann Arbor: International Monographs in Prehistory.

Nagler-Zanier, C. 1999. *Die hallstattzeitliche Siedlung mit Grabeneinlage von Geiselhöring, Niederbayern*. Büchenbach: Dr. Faustus.

Niese, B. 1910. Galli. In G. Wissowa and W. Kroll., eds, *Paulys Realencyclopädie der classischen Altertumswissenschaft* 7, 1: 610-39. Stuttgart: Alfred Druckenmüller.

Neth, A. 1999. Zum Fortgang der Ausgrabungen in der zweiten Viereckschanze bei Nordheim, Kreis Heilbronn. *Archäologische Ausgrabungen in Baden-Württemberg 1999*: 75-9.

Nissen, H.-J. and J. Renger, eds. 1987. *Mesopotamien und seine Nachbarn*. Berlin: D. Reimer.

Nylén, E. 1955. *Die vorrömische Eisenzeit Gotlands*. Uppsala: Almqvist & Wiksells.

Onyshkevych, L. 1999. Scythia and the Scythians. In Reeder, pp.23-35.

Orlove, B. and A.J. Bauer. 1997. Giving Importance to Imports. In B. Orlove, ed., *The Allure of the Foreign: Imported Goods in Postcolonial Latin America*, pp.1-30. Ann Arbor: University of Michigan Press.

Palavestra, A. 1994. Prehistoric Trade and a Cultural Model for Princely Tombs in the Central Balkans. In K. Kristiansen and J. Jensen, eds, *Europe in the First Millennium B.C.*, pp.45-56. Sheffield: J.R. Collis Publications.

Pare, C. 1997. La dimension européenne du commerce grec à la fin de la période archaïque et pendant de début de la périod classique. In Brun and Chaume, pp.261-86.

Pauli, L. 1975. *Keltische Volksglaube*. Munich: C.H. Beck.

_____ 1978. *Der Dürrnberg bei Hallein III*. Munich: C.H. Beck.

Pearson, M.P. 1999. *The Archaeology of Death and Burial*. College Station: Texas A&M University Press.

Planck, D. 1982. Eine neuentdeckte keltische Viereckschanze in Fellbach-Schmiden, Rems-Murr-Kreis. *Germania* 60: 125-72.

Pohl, W. 1997. Ethnic Names and Identities in the British Isles. In J. Hines, ed., *The Anglo-Saxons from the Migration Period to the Eighth Century: An Ethnographic Perspective*, pp.7-32. Woodbridge: Boydell Press.

_____ 1998. Telling the Difference: Signs of Ethnic Identity. In W. Pohl, ed., *Strategies of Distinction: The Construction of Ethnic Communities,*

300-800, pp.17-69. Leiden: Brill.

    ―――― 2000. *Die Germanen*. Munich: R. Oldenbourg.

Pratt, M.L. 1992. *Imperial Eyes: Travel Writing and Transculturation*. London: Routledge.

Pshenichniuk, A. 2000. The Filippovka Kurgans at the Heart of the Eurasian Steppes. In Aruz *et al.*, pp.21-30.

Rankin, D. 1987. *Celts and the Classical World*. London: Croom Helm.

    ―――― 1995. The Celts Through Classical Eyes. In Green, pp.21-33.

Rappaport, R.A. 1999. *Ritual and Religion in the Making of Humanity*. Cambridge: Cambridge University Press.

Reeder, E.D. 1999. Scythian Art. In Reeder, pp.37-58.

    ―――― ed. 1999. *Scythian Gold: Treasures from Ancient Ukraine*. New York: Harry N. Abrams.

Reichenberger, A. 1995. Figürliche Kunst: Hallstattzeit. In *Reallexikon der germanischen Altertumskunde* 9: 13-20.

Rieckhoff, S. 1995. *Süddeutschland im Spannungsfeld von Kelten, Germanen und Römern*. Trier: Rheinisches Landesmuseum.

Rogers, J.D. 1990. *Objects of Change: The Archaeology and History of Arikara Contact with Europeans*. Washington: Smithsonian Institution Press.

Rohatynskyj, M.A. and S.R. Jaarsma. 2000. Ethnographic Artifacts. In Jaarsma and Rohatynskyi, pp.1-17.

Rolle, R. 1989. *The World of the Scythians*. Trans. G. Walls. London: Batsford.

Romeuf, A.-M. 1986. Ex-voto en bois de Chamalières (Puy-de-Dôme) et des sources de la Seine. *Gallia* 44: 65-89.

Romm, J.S. 1992. *The Edges of the Earth in Ancient Thought*. Princeton: Princeton University Press.

    ―――― 1998. *Herodotus*. New Haven: Yale University Press.

Roymans, N. 1993. Romanisation and the Transformation of a Martial Elite-Ideology in a Frontier Province. In P. Brun, S. van der Leeuw and C.R. Whittaker, eds, *Frontières d'empire: Nature et signification des frontières romaines*, pp.33-50. Nemours: Mémoires du Musée de Préhistoire d'Ile-de-France.

_____ 1996. The Sword and the Plough: Regional. Dynamics in the Romanisation of Belgic Gaul and the Rhineland Area. In N. Roymans, ed., *From the Sword to the Plough*, pp.9-126. Amsterdam: Amsterdam University Press.

Rybová, A. and A Motyková. 1983. Der Eisendepotfund der Latènezeit von Kolín. *Památky Archeologické* 74: 96-174.

Said, E.W. 1978. *Orientalism*. New York: Pantheon.

Schaaff, U. 1988. Zu den antiken Reparaturen der griechischen Schalen. In Kimmig, pp.191-5.

Schama, S. 1999. *Rembrandt's Eyes*. New York: Alfred A. Knopf.

ter Schegget, M.E. 1999. Late Iron Age Human Skeleton Remains from the River Meuse at Kessel: A Cult Place? In F. Theuws and N. Roymans, eds, *Land and Ancestors: Cultural Dynamics in the Urnfield Period and the Middle Ages in the Southern Netherlands*, pp.199-240. Amsterdam: Amsterdam University Press.

Schultze, E. 1986. Zur Verbreitung von Waffenbeigaben bei den germanischen Stämmen um den Beginn unserer Zeitrechnung. *Jahrbuch der Bodendenkmalpflege in Mecklenburg* 1986: 93-117.

Schwartz, S.B., ed. 1994. *Implicit Understandings: Observing, Reporting, and Reflecting on the Encounters Between Europeans and Other Peoples in the Early Modern Era*. Cambridge: Cambridge University Press.

Scott, J.C. 1990. *Domination and the Arts of Resistance*. New Haven: Yale University Press.

von See, K.1981. Der Germane als Barbar. *Jahrbuch für Internationale Germanistik* 13: 42-72.

Shanks, M. 1999. *Art and the Greek City State*. Cambridge: Cambridge University Press.

Shanks, M. and C. Tilley. 1987. *Social Theory and Archaeology*. London: Polity Press.

Shennan, S., ed. 1989. *Archaeological Approaches to Cultural Identity*. London: Unwin Hyman.

Sherratt, S. and A. 1993. The Growth of the Mediterranean Economy in the Early First Millennium BC. *World Archaeology* 24: 361-78.

Shoemaker, N. 1997. How Indians Got to be Red. *American Historical Review* 102: 625-44.

Smith, A.D. 1999. *Myths and Memories of the Nation*. Oxford: Oxford University Press.

Sørensen, M.L.S. 1997. Reading Dress: The Construction of Social Categories and Identities in Bronze Age Burope. *Journal of European Archaeology* 5: 93-114.

Sparkes, B.A. 1997. Some Greek Images of Others. In B. Molyneaux, ed., *The Cultural Life of Images*, pp.130-57. London: Routledge.

Speidel, M.P. 1994. *Riding for Caesar: The Roman Emperors' Horse Guards*. Cambridge MA: Harvard University Press.

Stark, M.T, ed. 1998. *The Archaeology of Social Boundaries*. Washington: Smithsonian Institution Press.

Stead, I.M. 1991. The Snettisham Treasure. *Antiquity* 65: 447-64.

Stewart, P.C.N. 1995. Inventing Britain: The Roman Creation and Adaptation of an Image. *Britannia* 26: 1-10.

Szabó, M. 1991a. The Celts and Their Movements in the Third Century B.C. In Moscati *et al.*, pp.303-19.

_____ 1991b. Mercenary Activity. In Moscati *et al.*, pp.333-6.

Tejral, J. 1992. Die Probleme der römisch-germanischen Beziehungen unter Berücksichtigung der neuen Forschungsergebnisse im niederösterreichisch-südmährischen Thayaflussgebiet. *Bericht der Römisch-Germanischen Kommission* 73: 377-468.

Thomas, N. 1991. *Entangled Objects: Exchange, Material Culture, and Colonialism in the Pacific*. Cambridge MA: Harvard University Press.

Timpe, D. 1989. Entdeckungsgeschichte: Die Römer und der Norden. *Reallexikon der germanischen Altertumskunde* 7: 337-47.

_____ 1996. Memoria und Geschichtsschreibung bei den Römern. In H.-J. Gehrke and A. Möller, eds, *Vergangenheit und Lebenswelt*, pp.277-99. Tübingen: Gunter Narr Verlag.

_____ 1998. Germanen: historisch. *Reallexikon der germanischen Altertumskunde* 11: 182-245.

Todorov, T. 1984. *The Conquest of America: The Question of the Other*. Trans. R. Howard. New York: Harper and Row.

The Tso chuan: Selections from China's Oldest Narrative History. Trans. B. Watson. New York: Columbia University Press, 1989.

Untermann, J. 1989. Sprachvergleichung und Sprachidentität: Methodische Fragen im Zwischenfeld von Keltisch und Germanisch. In H. Beck., ed., *Germanische Rest- und Trümmersprachen*, pp.211-39. Berlin: Walter de Gruyter.

_____ 1993. Sprachliche Zeugnisse der Kelten in Süddeutschland. In H. Dannheimer and R. Gebhard, eds, *Das keltische Jahrtausend*, pp.23-7. Mainz: Philipp von Zabern.

Venclová, N. 1998. *Mšecké Žehrovice in Bohemia: Archaeological Background to a Celtic Hero, 3rd-2nd Cent*. B.C. Sceaux: Kronos.

Verger, S.1995.De Vix à Weiskirchen: La transformation des rites funéraires aristocratiques en Gaule du nord et de l'est au Ve siècle avant J.-C. *Mélanges de l'École française de Rome, Antiquité* 107: 335-458.

Völling, T. 1992. Dreikreisplattensporen. *Archäologisches Korrespondenzblatt* 22: 393-402.

_____ 1994. Studien zu Fibelformen der jüngeren vorrömischen Eisenzeit und ältesten römischen Kaiserzeit. *Bericht der Römisch-Germanischen Kommission* 75:147-282.

Waldhauser, J. 1987. Keltische Gräberfelder in Böhmen. *Bericht der Römisch-Germanischen Kommission* 68: 25-179.

Wegewitz, W. 1937. *Die langobardische Kultur im Gau Moswidi (Niederelbe)*. Hildesheim: August Lax.

Weiss, R.M. 1999. Die Hallstattzeit in Europa. In Griesa and Weiss, pp.7-22.

Wells, P.S. 1995. Identities, Material Culture, and Change: 'Celts' and 'Germans' in Late-Iron-Age Europe. *Journal of European Archaeology* 3: 169-85.

_____ 1996. Location, Organization, and Specialization of Craft Production in Late Prehistoric Central Europe. In B. Wailes, ed., *Craft Specialization and Social Evolution*, pp.85-98. Philadelphia: University Museum.

_____ 1998. Identity and Material Culture in the Later Prehistory of Central Europe. *Journal of Archaeological Research* 6: 239-98.

_____ 1999. *The Barbarians Speak: How the Conquered Peoples Shaped Roman Europe*. Princeton: Princeton University Press.

White, H. 1978. The Historical Text as Literary Artifact. In *Tropics of Discourse: Essays in Cultural Criticism*, pp.81-100. Baltimore: Johns Hopkins University Press.

Whitehead, N.L. 1997. Transcription, Annotation, and Introduction of Walter Ralegh, *The Discoverie of the Large, Rich, and Bewtiful Empyre of Guiana*. Norman: University of Oklahoma Press.

Wieland, G., ed. 1999. *Keltische Viereckschanzen*. Stuttgart: Konrad Theiss.

Wilk, R.R. 1999. 'Real Belizean Food': Building Local Identity in the Transnational Caribbean. *American Anthropologist* 101: 244-55.

Wolf, E.R. 1982. *Europe and the People Without History*. Berkeley: University of California Press.

Wolfram, H. 1995. *Die Germanen*. 2nd ed. Munich: C.H. Beck,

Woźniak, Z. 1976. Die östliche Randzone der Latènekultur. *Germania* 54: 382-402.

_____ 1991. The Iwanowice Cemetery. In Moscati *et al*. p.378.

Zanier, W.1999. *Der spätlatènezeitliche und römerzeitliche Brandopferplatz im Forggensee (Gde. Schwangau)*. Munich: C.H. Beck.

Zirra, V.V. 1991. Entre l'utile et l'art: les fibules latèniennes en Roumanie. *Etudes Celtiques* 28: 451-64.

Zürn, H. 1970. *Hallstattforschungen in Nordwürttemberg*. Stuttgart: Staatliches Amt für Denkmalpflege.

부록

지도·그림 목록

<해제>
지도 1. 이 책의 지리적 배경이 되는 온대 유럽 지역
그림 1. 할슈타트문화와 라텐문화(오른쪽)의 피불라 브로치
그림 2. 양식화된 피불라 브로치
그림 3. 오스트리아 뒤른베르크 무덤 출토 기하학문양의 금제 장신구
그림 4. 청동제 검집에 새겨진 기하학 문양
그림 5. 할슈타트 유적 출토 검
그림 6. 할슈타트 유적 출토 청동그릇
그림 7. 할슈타트 유적 출토 말장식 도끼
그림 8. 호이네부르크 유적 출토 말탄 사람 장식
그림 9. 할슈타트문화 토기
그림 10. 호이네부르크 취락 유적 전경 복원도
그림 11. 호이네부르크 성채 안으로 들어가는 성문지(위)와 디지털 복원도
그림 12. 복원 전시 중인 마을 내부와 성채 안에서 내려다 본 다뉴브강
그림 13. 내부의 철기공방 재현 모습과 호이네부르크 박물관
그림 14. 호흐도르프 취락의 농가 복원도(위)와 복원된 주거지
그림 15. 할슈타트 유적의 화장묘 발굴 당시의 도면
그림 16. 할슈타트 유적 박물관(맨 위 왼쪽)과 출토 유물들
그림 17. 호흐도르프 봉토분 전경과 단면 모형 및 내부 모습
그림 18. 호흐도르프 무덤의 피장자가 안치된 벤치형 시상대
그림 19. 호흐도르프 무덤 내부를 순차로 복원한 그림
그림 20. 그라펜빌 무덤(위)과 슈투트가르트 칸슈타트 무덤 내부
그림 21. 호흐도르프 무덤 출토 유물

그림 22. 라텐양식의 장식들과 작은 석상들
그림 23. 라텐 유적 표지판과 유적이 발견된 뇌샤텔호수
그림 24. 독일 만칭박물관에 전시된 만칭오피둠 동쪽 성문(위)과 취락 내부 복원도
그림 25. 프랑스 비브락테 오피둠의 토성 전경 (이청규 사진 제공)
그림 26. 글라우베르크 봉토분과 석상 (이청규 사진 제공)
그림 27. 히르슐란덴 무덤의 석상과 출토 유물
그림 28. 빅스 유적 전경(맨 위), 무덤 내부, 부장된 크라테르 청동솥과 금제 토르크 링 목걸이 (이청규 사진 제공)

<제2장>

지도 1. 초기 철기시대 주요 유적의 위치
그림 1. 초기 철기시대 묘역 일부
그림 2. 독일 히르슐란덴 무덤과 석조상 복원도
그림 3. 호흐도르프 유적의 무덤 내부 복원도
그림 4. 빅스 유적 무덤의 주구 도면
그림 5. 오스트리아 슈타이어마르크Steiermark주 스트레트베크에서 조사된 기원전 600년경 대규모의 남성 무덤 출토 청동 수레 복원도

<제3장>

그림 6. 금 상감 장식의 목제 그릇
　　(사진 : Einsamer Schütze / Wikimedia Commons, 재편집)
　　(CC BY-SA 3.0)
　　https://commons.wikimedia.org/wiki/File:Museum_f%C3%BCr_Vor-_und_Fr%C3%BChgeschichte_Berlin_003.jpg
그림 7. 사람형상의 청동제 핀
　　(사진 : Wolfgang Sauber / Wikimedia Commons, 재편집)
　　(CC BY-SA 4.0)
　　https://commons.wikimedia.org/wiki/File:KMM_-_Maskenfibel.jpg
그림 8. 독일 바덴-뷔르템베르크Baden-Württemberg 귄들링겐 유적 봉토 3의 중앙 무덤 평면도

그림 9. 그리스산의 붉게 칠한 인물상이 그려진 카이릭키스 바닥면
그림 10. 글라우베르크 유적의 봉분과 주변 상황을 보여주는 도면
그림 11. 청동을 입힌 코랄 상감 철제 투구

<제5장>
지도 2. 제5장, 제6장, 제7장에 언급한 주요 유적의 분포도
그림 12. 1978년 발굴된 독일 콜로그의 서부 니더치어 유적 출토 금제품들
 (사진 : Kleon3 / Wikimedia Commons, 재편집)
 (CC BY-SA 4.0)
 https://commons.wikimedia.org/wiki/File:2018_Rheinisches_Landesmuseum_Bonn,_Goldepot_aus_Niederzier.jpg

<제7장>
그림 13. 메니마네(왼쪽)와 그녀의 남편 블루수스가 표현된 묘비석
 (사진 : Heiko Fischer / Wikimedia Commons, 재편집)
 (CC BY-SA 4.0)
 https://de.wikipedia.org/wiki/Datei:Mainz,_Grabstein_des_Blussus_und_der_Menimane.jpg

부록

찾아보기

켈트족, 게르만족, 그리스인, 로마인과 스키타이인이라는 이름과 매장, 민족성, 정체성, 물질 문화, 텍스트, 할슈타트양식, 라텐양식이라는 단어는 책 전반에 걸쳐 나타나 찾아보기에서 제외했다.

〈가〉

거주지, 가옥   25, 35, 83

괴블링겐-노스펠트 Goeblingen-Nospelt   167, 168, 200

구르네-쉬르-아롱드 Gournay-sur-Aronde   136, 157, 159

구시지 올 세인츠 Gussage All Saints   163

귄들링겐 Gündlingen   122~124

그라펜빌 Grafenbühl   30, 125

그레이엄 Mark Grahame   81

그레흐빌 Grächwil   125

글라우베르크 Glauberg   38, 39, 51, 86, 125, 127, 129, 130, 131, 206

기병   45, 59, 168, 195

〈나〉

네이메헌　184

노르드하임 Nordheim　156, 157

노스펠트-크레켈비에르크 Nospelt-Krëckelbierg　202

니더치어 Niederzier　161

닐 화이트헤드 Neil Whitehead　90, 91, 186

〈다〉

다팅겐 Dattingen　100

대리인　43, 79

데이비드 앤서니 David Anthony　67, 82

데인버리 Danebury　157

동물 형상　122

동전　34, 45, 59, 60, 74, 87, 161, 162, 164, 191, 197, 198, 200, 201

두흐초프 Duchcov　137, 138

뒤른베르크 Dürrnberg　18, 127

〈라〉

라인하임 Reinheim　122, 125

라텐 유적　34, 36

랑가 Langå　173

로고존 Rogozon　137, 138

로렌츠 Herbert Lorenz　133

로르바흐 Rohrbach　202

루돌프 에히트 Rudolf Echt　121, 122

루트비히 파울리 Ludwig Pauli   119
룬드 Allan Lund   58, 182, 190
리베몽 Ribemont   157, 159, 160
리비 Livy   147, 178, 179
린 케릭 바흐 Llyn Cerrig Bach   161

〈마〉

마살리아 Massalia   141, 165
마인츠 Mainz   184
막달레넨베르크 Magdalenenberg   100
만칭 Manching   30, 36, 153, 159, 160
말콤 채프먼 Malcolm Chapman   151
메니마네 Menimane   203, 204
메리 헬름스 Mary Helms   107
메이드 Wolfgang Meid   191
몽 라수아 Mont Lassois   19, 111, 112, 132, 155
무쇼프 Mušov   196
물속 퇴적물   201
므셰츠케 제흐로비체 Mšecké Žehrovice   157

〈바〉

바덴하임 Badenheim   202
바스-유츠 Basse-Yutz   127
바젤-가스파브릭 Basel-Gasfabrik   159
바트 나우하임 Bad Nauheim   159

박차   60, 168, 172, 173, 195, 197, 205
발터 폴Walter Pohl   74, 83, 185
베르킨게토릭스Vercingetorix   78, 183, 198
베세링겐Besseringen   125
벨스크Belsk   112
본Bonn   68, 184
볼라즈Bolards   169
볼로냐Bologna   150
뵙핑겐Bopfingen   156
부르디외Pierre Bourdieu   82
부족   47, 53, 83, 91, 164, 186, 187, 197, 198
브라이자흐-호히슈테텐Breisach-Hochstetten   159
브루노Jean-Louis Brunaux   136
비브락테Bibracte   34, 37, 38, 153
비언어적 의사 소통   75
비에렉샨첸Viereckschanzen   156
비타슈코보Witaszkowo   104
빅스Vix   19, 34, 40~42, 50, 86, 110, 111, 113, 115, 124, 125, 129, 136
빌렌도르프Billendorf   101, 107

〈사〉

샤말리에르Chamalières   169
샬롯 파베크Charlotte Fabech   73, 138
수에비Suebi   58, 185
슈바르첸바흐Schwarzenbach   118
스네티샴Snettisham   162

스트라도니체 Stradonice   153
스트라보 Strabo   177, 185, 190
스트레트베크 Strettweg   113~115
스티치나 Stična   112
승마구   102

〈아〉

아그리 Agris   135
아비투스 habitus   82
아우구스투스 Augustus   147, 190, 199
알레시아 Alesia   183
암프레빌 Amfreville   135
야스토르프 Jastorf   170
에드워드 사이드 Edward Said   45, 86, 181
에르스트펠트 Erstfeld   125
에릭 울프 Eric Wolf   90, 179
오토헤르만 프레이 Otto-Herman Frey   68, 206
오피다 oppida   35, 37, 55, 59, 153, 155, 156, 158, 159, 162~164, 166, 169, 171, 186, 187, 189, 191, 192, 197
외부인의 기록   72
요르그 비엘 Jörg Biel   68, 206
요르트스프링 Hjortspring   137, 138
용병   148, 149, 151, 166, 175, 183, 194, 195
울라 룬드 한센 Ulla Lund Hansen   68, 92
의례   48, 83~85, 89
의식   48, 83, 85, 87, 91, 107, 110, 112, 115, 124, 138, 143, 152, 159, 171,

172, 196, 197, 200~202
이동성　43, 50, 66, 91, 94, 103, 104, 106, 121, 147, 171, 193
이바노비체 Iwanowice　134
이주　44, 51, 57, 58, 77, 90, 134, 140, 146~148, 151, 155, 166, 171, 176, 178, 179, 182, 190, 192
인골의 퇴적　159, 160
인골 퇴적물　159
인물 형상　44, 113~115
인클로저 enclosure　35, 55, 59, 156~159, 162, 187, 191
일제 Ilse　103

〈자〉

자르텐 Zarten　153
자비스트 Závist　136, 153
장신구　13, 18, 19, 23, 30, 34, 38, 49, 50, 51, 56, 60, 64, 74, 75, 84, 99~104, 115, 118, 120, 122, 124, 128, 133, 137, 138, 163, 169, 170, 192, 197, 201, 202, 204
잭 구디 Jack Goody　76
저항　45, 199, 200
J.D. 힐 Jeremy D. Hill　68, 73, 157, 206
제의　35, 44, 48, 52, 55, 76, 85, 110, 122, 131, 132, 136, 138, 139, 156~162, 166, 168~170, 187, 189, 197, 201, 202
조나단 힐 Jonathan Hill　90
존 배릿 John Barrett　73
존스 Siân Jones　81, 82, 87
종족성, 그리스인의 개념　143~146, 189

종족성, 로마인의 개념　188~192
죽어가는 갈리아　150

〈차〉

철기시대의 개념　43, 96
철제 도구　161, 162
치우메슈티 Ciumeşti　136
친절한 왕들　45, 196

〈카〉

카노사 디 풀리아 Canosa di Puglia　135
카시우스 디오 Cassius Dio　177, 190
카이사르 Julius Caesar　34, 58, 66, 70, 78, 79, 90, 149, 151, 153, 170~172, 175, 177~180, 182~186, 188~192, 195, 198, 199
컨리프 Barry Cunliffe　157
케셀 Kessel　159
켈하임 Kelheim　34, 153, 155
콜린 Kolín　161
크노비즈 Knovíze　159
크산텐 Xanten　184
클라이나스페르글 Kleinaspergle　125~127
클라인클라인 Kleinklein　97, 102
클레멘시 Clemency　167, 168
킴브리족 Cimbri　182

〈타〉

타키투스 Tacitus   58, 78, 177, 178, 185, 188
토기   19, 31, 34, 35, 49, 50, 51, 56, 64, 74, 75, 84, 100, 101, 107, 110, 112, 113, 118, 126, 127, 133, 134, 137, 156, 157, 162, 171, 191, 192, 201
토브스타 모힐라 Tovsta Mohyla   110
튜턴족 Teutones   182
티페나우 Tiefenau   161
팀페 Dieter Timpe   178, 179

〈파〉

파르스베르크 Parsberg   119
퍼거슨 R. Brian Ferguson   91, 186
페리질레 Ferigile   102
펠바흐-슈미덴 Fellbach-Schmiden   157
폴리비우스 Polybius   147, 151
프레드릭 바르트 Fredrik Barth   65
프리드 Morton Fried   186
프리츠루돌프 헤르만 Fritz-Rudolf Herrmann   68, 206
플리니우스 Plinyus   147
피불라 fibulae   17, 19, 20, 28, 34, 35, 49, 51, 56, 57, 60, 74, 84, 99, 100, 101, 104, 106, 108, 122, 123, 128, 131, 133, 134, 137, 163, 169, 170, 171, 200~205
필리포브카 Filippovka   52, 86, 138
필젠-라우드나 Plzeň-Roudná   127

〈하〉

하르제펠트 Harsefeld   173

하임슈테텐 Heimstetten   201

한 Erwin Hahn   160

할슈타트 Hallstatt   15, 18, 25, 26, 49, 50, 100, 101, 113, 144

헤로도토스 Herodotus   66, 70, 85, 141, 143~146, 148, 151, 175, 178

헤카테우스 Hecataeus   141, 143, 144, 145, 151

호이네부르크 Heuneburg   18~23, 25, 55, 112, 132, 155

호흐도르프 Hochdorf   19, 20, 23, 24, 27~29, 31, 50, 108~110, 113, 115, 206

히르슐란덴 Hirschlanden   40, 98, 113, 115, 129, 131